雷玲◎主编

名师课堂内核

8位特级教师的教学智慧解读

江苏凤凰科学技术出版社·南京

图书在版编目(CIP)数据

名师课堂内核 ：8 位特级教师的教学智慧解读 / 雷玲主编. —南京：江苏凤凰科学技术出版社，2024.5(2025.5 重印)

ISBN 978-7-5713-4390-3

Ⅰ. ①名… Ⅱ. ①雷… Ⅲ. ①师资培养—研究 Ⅳ. ①G451.2

中国国家版本馆 CIP 数据核字(2024)第 094456 号

名师课堂内核：8 位特级教师的教学智慧解读

主编	雷 玲
责任编辑	刘文芳
责任设计编辑	孙达铭
责任校对	仲 敏
责任监制	周雅婷
出版发行	江苏凤凰科学技术出版社
出版社地址	南京市湖南路 1 号 A 座，邮编：210009
编读信箱	skqsfs@163.com
联系电话	(025)83657623
印刷	溧阳市金宇包装印刷有限公司
开本	718 mm×1000 mm 1/16
印张	17
字数	230 000
版次	2024 年 5 月第 1 版
印次	2025 年 5 月第 2 次印刷
标准书号	ISBN 978-7-5713-4390-3
定价	58.00 元

自序

一种直抵心灵的唤醒

今天的教师最需要什么？一种直抵心灵的唤醒。

“忽如一夜春风来，千树万树梨花开。”近年来，人工智能发展迅速，犹如一场新的工业革命，彻底颠覆了人们的认知。一时间，人工智能会给教师专业发展带来哪些影响与挑战成为业界关注的热点话题。

人工智能生态中，教师怎样进行教育教学创新？随着信息技术的发展，人工智能完全可能替代教师工作中的课程设计、知识搜索、课堂模拟、语言翻译、作业测评等内容。而不可被人工智能简单替代的，是教师对学生理想与信念、价值与意义、思维与情感、意志与勇气、奋斗与进取、反思与自省、创造与创新等品质与能力的培养。因此，人工智能时代对教师提出了更高的要求。

在“同伴研修”“反思成长”“有效教学”等教师专业成长理念对于广大中小学一线教师而言已经不再陌生的今天，教师怎样才能找到有利于其专业成长的有效路径？

早在20世纪60年代，教育家苏霍姆林斯基在《给教师的建议》一书中，就给了中小学教师如下建议：“要天天看书，终生以书籍为友。这是一天也不断流的潺潺小溪，它充实着思想江河。阅读不是为了明天上课，而是出自本性的需要，出自对知识的渴求。”这一建议至今仍被广大教师奉为指导其专业成长的圭臬。

诚然，学习、积累、反思，永远是教师成长的必由之路。对于身处知识爆炸时代的当代教师而言，以往我们所倡导的“积识成智”

应该被赋予新的注解：在新课程、新教材背景下，谁能够更智慧地学习知识、积累经验，谁就能够获得更快速的成长。

曾有一线教师感慨：教育是一个受经验左右的行业，从事教育的人较容易被以往的经验所羁绊。如此，有效地学习他人的经验，有效地借鉴他人的智慧，有效地在“积识”中“转识成智”，已成为当代教师成长的最佳路径。《名师课堂内核：8位特级教师的教学智慧解读》一书正是基于这一出发点，邀请了来自全国各地有着丰富教育教学经验的8位特级教师：于永正、管建刚、钱守旺、何捷、王文丽、戴银杏、沈百军、柏继明。他们或仍活跃在教学一线，或一直影响着广大教师成长。本书通过他们亲身经历的教育教学实践和专业成长中的经验总结，以“现身说法”的形式给教师带来最实用、最直观的学习和借鉴模板。

名师们的教学智慧解读、教学实践反思和接地气的成长故事，能为一线教师提供有益的指导方法、精彩的成功案例和实用的教学技巧。

苏霍姆林斯基在《给教师的建议》中说得好：“如果你想让教师的劳动能够给教师一些乐趣，使天天上课不至于变成一种单调乏味的义务，那你就应当引导每一位教师走上从事研究的这条幸福的道路上来。”让我们一起静静倾听名师们在各自教学研究道路上的所思所悟，在他们娓娓道来的细语中，感悟教学的乐趣，一起“走上从事研究这条幸福的道路上来”。

人工智能时代，每一位教师在成长的过程中都难免会遇到诸多困惑与难题。如果我们善于思考困惑因何而起、难题因何而生，我们就能够更有效地“积识”、更智慧地“成智”，从而在答疑解惑中收获教学智慧，在教书育人中实现人生价值。

雷玲

2024年4月8日

目录

1 于永正

2 管建刚

3 钱守旺

三次转身的专业成长之路

4 何捷

阅读教学的创新者

5 王文丽

记住这四个“别忘了”，老师才能真正成长

6 戴银杏

多给学生一次成功的机会

1

于 永 正

老师，是一本教科书

2017年12月8日，特级教师于永正先生因病逝世，享年77岁。

中国小学语文教坛的传奇人物陨落，基础教育界一片悲痛！《新华日报》《人民教育》等媒体纷纷撰文追悼。

他是教育部“跨世纪园丁工程”向全国推出的首位名师。

他是江苏省继斯霞、李吉林之后出现的又一位具有可贵探索精神和鲜明教学个性的特级教师。

他的“重情趣、重感悟、重积累、重迁移、重习惯”的“五重教学法”，为小学素质教育工作带来了一缕清新的风。

他的“言语交际表达训练”模式，在小学作文教学领域引起了极大反响。

“少些理性，多些情趣”为其教育的座右铭之一。

名师已去，但他的《教海漫记》至今仍被许多小学语文教师当成宝典。

名师故事

品读于永正

雷　玲

于永正这个名字，从20世纪80年代到现在，在中国小学语文教育界，可谓无人不晓。作为教育部“跨世纪园丁工程”向全国推出的首位名师，他的名师历程始终贯穿着这样一个主题——爱的智慧。

“老顽童”于永正

“您在我的心目中，不但是一位好老师，而且是一位好的大朋友。您亲切、和蔼。我第一次上您的课时，就不怕您，一点也不怕。我永生也不会忘记您这位思维活跃、思想开阔、性格活泼的大朋友。”这是一个叫张婕的学生毕业前写给于永正的信中的一段话。

多年来，几乎所有学生给他写的“评语”中都有“慈祥”“和蔼”这类字眼。其实，初涉教坛的于永正在学生的心目中曾经是“打人”的“坏老师”。

1962 年 9 月 1 日，第一天跨进徐州市搬运工人子弟学校三年级（2）班教室的于永正，上课之前就做了一件学生眼中的“坏事”——将两个打架的孩子拉出了教室。接下来的一个多月，罚站、罚蹲（蹲在教室门后）、用粉笔头砸……他几乎全靠这些手段才使班级秩序得以维持。直到有一天，一个孩子朝着他大喊：“老师打人！”

就是这一句怒吼，把他从愤怒中解脱出来。他开始反省自己：板着面孔说教，只能使自己和学生拉开距离。

孩子的眼睛是最清澈明亮的，用于永正的话说，是“一面认识自己的镜子”。他渐渐悟出一个道理：老师要蹲下来看学生，“蹲下来看学生，我们就能走近学生，理解学生，体谅学生，就能和学生融为一体”。

从教 40 多年后，在女儿即将走上神圣的讲坛之际，于永正给女儿支了 20 招，每一招都表达了同一个理念——“爱生”。于永正对学生的爱，随着岁月的增长，已经一点一滴地渗透到他课堂教学的每一个细节中。

“不知怎的，最近总喜欢将于老师和‘老顽童’扯到一起。”江苏省连云港开发区朱曹中心小学的李海老师在听了于老师的课后，发自肺腑地感慨。他绘声绘色地讲起课堂上的于老师：

“不是吗？你看他在课堂上全无一点师道尊严的架子，十足一个大孩子。瞧，《狐假虎威》[①]的教学中，于老师成了那只‘东张西望、半信半疑’的老虎，他气急败坏地喊道：‘我没到退休年龄，也没有犯错误，凭什么叫我下岗？’多有趣！那诙谐的语言、夸张的动作、极富变化的表情，似乎真的将你带入了神奇的语文艺术殿堂。

“而在《荷花》的教学中，这位60多岁的老头儿又翩翩起舞。只晓得他京剧唱得好，谁料他还有这个本领？一到孩子们中间，他就和‘老顽童’一样，现场全乱了套了。可是，孩子们偏喜欢他这样没有距离、没有压抑地把他们带入神奇的语文艺术殿堂。”

“这样的课堂，不正是我们一直在努力追求的课堂吗？”李海老师补充说。

这正是永葆童心的于永正。他不仅深谙语文教学的真谛，还洞悉学生的心灵世界，对学生倾注了满腔的爱。他了解儿童、研究儿童，与学生同唱、同跳、同喜、同悲，既是学生的老师，又是学生的朋友。

“庖丁”于永正

多年来，在许多语文教师都津津乐道于中心思想、段落层次这些烦琐的分析时，于永正的课堂却总是活用教材，在字、词、句、段、篇上精心构思，让学生饶有兴趣地快乐学习。

用于永正自己的话说，他上课“鬼点子”很多。用其他教师的话说，他上课可以用一个字概括，那就是“绝”。大到整节课的结构，小到具体的读文习词，他总能变着法儿让学生们“进圈套”。他

---

① 由于年代关系，本书所录名师执教的教材版本众多，不一一注明。其中语文一科的“人教版”，指的是教育部组织编写、人民教育出版社出版的“部编版”投入使用前由人民教育出版社出版的教材。

极会煽情，似乎很轻松地就调动起了学生的主动性，让他们欲罢不能，积极自主地投入紧张的学习中，身心和智力得到了和谐的发展，从而高质量地完成教学任务。

三年级有一篇课文叫《水上飞机》(苏教版)，文中要求学生用“究竟”造句。于永正讲到这个内容时，做了一番巧妙的教学设计——

他先让学生读书上的句子：“小海鸥想：客轮、货轮，啥样的船我都见过，可就是没见过这种长翅膀的船。他飞了过去，想问个究竟。”接着，他让学生说说自己在生活中遇到的想“问个究竟”的事。学生说完后，他又将“问”擦掉，先后换成“看”“探”，让学生再说说在生活中遇到的需要“看个究竟”“探个究竟”的事。

学生的思维渐渐被激活了，发言踊跃而精彩。接下来，于永正出示了这样一个句子：“这种汽车究竟省不省油？”他让学生体会“究竟”在这句话中的意思。当学生知道了这里的“究竟”表示追问、追究时，他再请学生仿照例子造句。最后，他引导学生以“恐龙”或者“外星人”为话题，写一段话，用上两个“究竟”：一个表示结果，一个表示追究……

在轻松愉快的气氛中，短短的一节课，学生的听、说、读、写都得到了扎实的训练。350多页的《于永正语文教学精品录》都是他经验的真实记录。多年来，他树立了“重情趣、重感悟、重积累、重迁移、重习惯”的教学风格，并得到了国内知名专家们的认可。

人们常用“庖丁解牛”“游刃有余”比喻技能达到了极高的境界。有人将于永正比喻为语文教学界的“庖丁”，绝非言过其实。

“思考者”于永正

请人吃饭，主人却忘了这回事，这个笑话的主人公就是于永正。有一年，《小学语文教学》刊登了张庆等撰写的关于于永正的长篇报道，为了表达谢意，于永正定下宴请时间、地点，通知了张庆等人。朋友们都高兴地按时赴宴，可左等右等，一直等到晚上8点也不见主人来。于永正的家离酒店较远，当时他家里没有电话，最后大家忍不住饿就先吃了起来。而于永正却还在家里琢磨一篇教学论文，因有一个数据拿不准，9点了，他来到教研室主任家询问。主任的夫人见到他后睁大了惊愕的眼睛：“你！今天晚上你不是请他吃饭吗？”

此类事情，在于永正身上经常发生，可让人纳闷的是，无论教哪一届学生，他都能在很短的时间里记住全班每个学生的名字；无论提到哪篇课文，他都能背个差不多。

原来，他满脑袋琢磨的都是语文课该怎么上。为此，他的朋友张庆为他撰写了一副对联。上联：这也忘那也忘唯上课不忘；下联：此亦长彼亦长数语文最长。

“怎样才能成为一名优秀教师？”不少拜他为师的青年教师都曾问过他这样的问题。

而他从来不讲大道理，每次都这样回答：“我有四个习惯、一个爱好。四个习惯，一是读的习惯，每天的报纸必读，订的刊物必读，好书必读，读到精彩处必记；二是看和听的习惯，每天晚上中央电视台的《新闻联播》必看，每天早上中央人民广播电台的《新闻和报纸摘要》节目必听；三是观察和思考的习惯，有着强烈的好奇心；四是‘操笔为文’的习惯。一个爱好是唱京戏。”

这似乎文不对题的回答其实是在告诫每一个人：人是在不断学习中成熟的，教学是在思考中日臻完善的。

“教科书”于永正

有人问于永正：“你当了特级教师后，最大的感受是什么？”

他说：“最大的感受是觉得我应该是一本写着一个大大的‘人’字的教科书。”

在他看来，当学生用稚嫩的小手轻轻翻开语文课本的第一页时，也就翻开了“老师”这本书的第一页。所以，他总是要求自己一方面不断为自己写上新的内容，一方面不断修改过去已经写的那一部分。

讲《曼谷的小象》（人教版）一课之前，他收集了大量的资料，开场白就说：曼谷是一座终年百花盛开、景色迷人的城市。它是世界上名字最长的城市，汉字译音全名是“共台甫马哈那坤奔他哇……”，他憋足一口气念出 40 个字。学生们咯咯地笑起来。为了把这 40 个字念流畅，他课前不知练了多少遍。

多年后学生长大成人了，还常常回味着于老师的课堂，有的学生竟能惟妙惟肖地再现他当年的表情、动作和语言。

一个三年级的学生在作文中写了一句话：“月亮长胖了。”于永正在这句话下面画了圈，旁边批一个“好”字，后面还加了一个意味深长的惊叹号。几年过去了，于永正收到那个学生的来信：“当时，我是多么高兴啊！望着那长长的惊叹号，我想，它一定是您从高山顶上垂下的一条绳索，好让我抓住它向上攀登。从那以后我喜欢上作文了……”

可见，“老师”这本书，多点爱心，多点知识性和趣味性，学生读起来就会有味道。

但是，在于永正看来，一本书光有知识性还不够。正如“文以载道”“学高为师，身正为范”所说，中国人更看重的是“道”。每次班里大扫除，他都以“普通一兵”的身份和学生一起劳动；发现学生的桌子下面有纸屑，他总是不声不响地走过去，弯腰捡起来。他时刻从“学”和“身”这两个方面写好自己这本书。

他说：爱，是“老师”这本书的主题。

对话

问：对您为人处世影响最大的一句话是什么？

答：人最宝贵的是生命。生命每个人只有一次。人的一生应当这样度过：当回忆往事的时候，他不会因为虚度年华而悔恨，也不会因为碌碌无为而羞愧；在临死的时候，他能够说：“我的整个生命和全部精力，都已经献给了世界上最壮丽的事业——为人类的解放而斗争。”（出自《钢铁是怎样炼成的》）

问：在您的教学理念形成过程中，哪些书对您的影响最深？

答：①《论语》；②《吕叔湘文集》；③《叶圣陶语文教育论集》；④苏霍姆林斯基《给教师的建议》。

问：您平生最崇拜的教育大家是谁？

答：孔子、马卡连柯。

问：对您启发最大的一句教育名言是什么？

答：德国教育家第斯多惠说：“教学艺术的本质不在于传授本领，而在于激励、唤醒和鼓舞。”

问：您语文教学观中的基本点有哪几点？

答：重情趣、重感悟、重积累、重迁移、重习惯。

问：您心目中理想的语文教师是什么样的？

答：能读、能写、能说、幽默。

问：您心目中理想的学生是什么样的？

答：有情有义。

问：您上过的最满意的三堂语文课是什么？

答：《草》《秋天的怀念》《作文：怎样写人物对话》。

问：您写过的最满意的一篇教学论文是什么？

答：《重情趣、重感悟、重积累、重迁移、重习惯》。

问：您通常怎样战胜挫折和困难？

答：再想想，再试试。

问：您取得优秀成果的主要经验和体会是什么？

答：不断总结失败的原因。

问：请评价一下您自己的性格特点。

答：开朗、幽默、宽容。

问：您的业余爱好是什么？

答：拉京胡、唱京戏。

问：您的人生格言是什么？

答：过好每一天。

问：您最想对教师说的话是什么？

答：崇拜思考。

教 学 智 慧

重情趣 重感悟 重积累 重迁移 重习惯

——解读于永正“五重教学法”

婧 涵 整理

一、重情趣

于永正认为，教育应该少些包办，多些自主；少些限制，多些引导；少些理性，多些情趣。一句话：要尊重人、理解人、关心人，要把学生培养成“人”。

他“重情趣”观点中的“情”，指的是情感，包括两个方面的意思：一是对学生有情；二是对语文教学有情，上课有情。

在他看来，教育的最高境界是和谐，是让学生在快乐的氛围中受到教育。所以，他关爱每一个学生，尤其关爱学习上有困难的学生，并千方百计把每个学生培养成有特色的人。

他说，要做到对学生有情，还得有好的师德，有较好的个人修养，说浅显一点：要善良，要有丰富的情感。无情无义当不好老师，心肠硬、动辄训斥学生当不好老师，更教不好语文。因为语文的人文性最强，最富有情趣。

他“重情趣”观点中的“趣”，指的是课要上得有趣味性，让学生乐意学，乐此不疲。要做到这一点，于永正认为首先要钻研好教材。此外，要精心设计教学程序，使其有新异性。一节课哪怕只有一两个知识点，哪怕是一个精当的有意思的提问，只要出其不意，就会使学生感到有趣味。还有一点是要幽默。幽默是老师的强有力的助手，它能使学生的学习变得轻松，能使师生在愉悦的交流中融为一体。

二、重感悟

于永正认为，“重感悟”就是把学习的权利交给学生，让学生在老师的指导下自己读书，自己去领会。它是对烦琐的分析、先生讲学生听的教学状态的否定。它的指导思想是尊重学生的主人公地位，尊重学习语文的规律。

他说，“悟”应该首先要悟其义，课文内容要读懂，至少要粗知大意（事实上，只要读，课文内容是不难理解的）；还要悟其情，悟其法，即体会文章表达的思想感情，体会文章的表达方法，悟作者遣词造句的妙处。

在他看来，无论语言文字，还是文章表达的意思、情感，都是很难讲准确的，也是没有必要讲清楚的。所以他说，语文教学要留有空白，不要担心学生有些地方暂时感悟不出来，尽管放心把时间留给学生读书。

教学中，于永正是这样做的：①备课先备“读”。反复读，读正确，读流利，读出感情，读出语感，读出遣词、造句、布局的妙处。②课堂上，第一件事是指导学生把课文读正确、流畅。

在于永正看来，任何感悟都是有度的，是不经意中产生的，是因人而异的。感悟到的东西，有时是说不出来的，也不一定要求学生说出来，他们能意会就行了。我们应尊重每个学生的独特感受，不应该也不可能只得出一个答案、一个结论；不应该也不可能把全班学生培养成“一个人”；语文教学不宜太强调“合作学习”；辅助手段的使用要恰当有度，因为阅读教学的根本手段是读书感悟。

三、重积累

于永正认为，“重积累”就是在“听”“说”的实践中“习得”。他说，积累，不仅有语言的积累，还有生活的积累和感受（包括情感）的积累；缺少了这三者中的任何一点，都教不好语文。

对于语言的积累，他认为：第一，在教学中要十分重视读和背，要按照学习语文的规律教学。对那些“不必解”的东西，他采取“不饶舌”的态度；对那些小学生目前还“不可解”的，他强调“粗知大意”，先“吞咽”后“反刍”；对那些学生一生都用得着的东西，他不但要求熟记，而且要想办法让学生记得快、记得牢。第二，要重视课外阅读。实践已经证明：只有当学生的阅读量达到了课本的4.5倍时，才有可能形成语文的自学能力。第三，重视做读书笔记和对生活感受的积累。他认为，学生生活单调，感受不多，情感不丰富，再加上书读得少，因此他们的“心理词典”所储存的“词条”就很少，从而影响他们的理解，影响他们良好情感的形成。

于永正说，积累应该如古人所云：读万卷书，行万里路。

四、重迁移

于永正认为，“重迁移”就是教会学生举一反三。他说，语文教学中的迁移主要指的是读的迁移和写的迁移。在他看来，读的迁移就是由课内到课外，得法于课内，得益于课外。学生用语文课上学到的读书方法和形成的感悟能力，去读课外书，去读报纸、杂志。这样做，一来能获得更多的知识和信息，二来能进一步丰富自己的语言，丰富自己的感受，从而更好地提高语文素养。从大的方面来说，小学生的作文练习，都是由读到写的迁移，所以，他十分重视作文训练；从小的方面来说，由读到写的迁移是根据学习的课文，进行片段仿写，如写一段对话，写人物的外貌，等等。

在教学中，于永正总是大小都抓，从学生的实际出发进行迁移训练。

五、重习惯

于永正认为，“重习惯”包括两点：一是学习习惯，二是运用语言的习惯。

在他看来，学习习惯主要指爱读书读报的习惯、一边读一边想的习惯、不动笔墨不读书的习惯（圈圈点点、作批注等）、做读书笔记的习惯、遇到生字查字典的习惯等。

他说，良好的语文学习习惯，只能在“时习之”中形成，是“养成”的，不是“说教”出来的。他认为，习惯的养成不可忽视教师的影响。晨读时，他常常有意把他刚买的书拿到教室读，任由学生翻看，还常常和学生谈论时事新闻，谈论读书所得、书中人物。这些做法，对学生产生的影响非常明显。

教学实践

隐性备课重于显性备课

于永正

关于备课的重要性不必说了。反正不备课，或者备得不充分，我是不敢进课堂的。万一没按进度备课——比方说，按教学进度该教第9课了，可是因为特殊情况，课没备好，在这种情形下，我情愿做点别的——例如为学生补充点阅读材料，或者让学生动笔写点什么——也不讲第9课。两眼一抹黑，怎么教呀！这样的情况，在我几十年的教学生涯中曾出现过几次。

我教了四十多年的语文，备了四十多年的课。有些课学生们喜欢，老师们喜欢，我自己也挺得意。有不少既是夸奖我、也是讨教于我的话便“送”到我的耳边：“于老师，您读课文那么生动，您是怎么练的呀？”“于老师，这一课我教了几遍了，好多东西我怎么没有发现呢？”“于老师，您的这些教学方法是怎么想出来的呀？”……

老师们问的，实际是一个问题，即怎样备课。

下面，我就说说自己的做法和体会。因为说的都是自己的事，而且多数是操作层面上的，所以不会把它说复杂，更不会说得让人看不懂。

观点一：备课不等于写教案。备课包括钻研教材、搜集信息、了解学生、考虑教学思路和教学方法、写教案等。写教案只是备课的最后一个环节——把钻研教材等方面的所思所得，把教学的目的要求、重点难点、教学过程和方法以及搜集到的有关教学的信息记录下来，是写“备忘录”——供课前翻阅，以便把课上好。

如果说，写教案是显性的，那么钻研教材、查阅资料、搜集信息、“备学生”、思考教法则是隐性的了。因此，我把备课分为隐性和显性两部分。

观点二：隐性备课最重要。这是“内功”，有时是看不到的，也是无法形诸文字的。“内功”好的人，即文化修养高的、悟性好的、教学经验丰富的，花的时间会短得多，效率就会高，反之就会低。

1. 隐性备课最重要的是钻研教材。一篇课文摆在案头，第一步做什么？先理解字词句在课文中的意思，边读边画出生字、新词及含义深刻的句子。随着悟性的提高，对有些关键词语、写得精彩之处以及课文的重点、难点，就会很快抓住。抓住了，便做上记号。凡是生字、拿不准读音的字（受徐州方言影响，好多字的音调我读不准），我都一一查字典，把拼音写在字的上面。凡是新词（包括说不准的词语），我都查字典，弄明白。比如“翻山越岭”[《第一次抱母亲》（苏教版）]，“越”是个生字，在这里作何解释？作为教师不但要意会，而且要“言出”。根据字典，“越”有七种意思，在这里作“跨”讲。有些词语的意思虽然不一定要讲，但教师必须弄懂。知识性的东西，不能有半点含糊。

2. 钻研教材的第二步是朗读课文。做到正确、流利、有感情，一般要朗读四五遍。对于情感型课文，如《月光曲》《第一次抱母亲》，我朗读的遍数还要多。不读到“其意皆出吾心”“其言皆出吾口”是不罢休的。随着语感的增强、悟性的提高、个人情感的不断丰富，多数课文我只读一两遍，便可以进入文中；读三四遍是为了熟练，尽量不出一点错。范读时出错虽说难免，可以原谅自己，学生也会谅解老师，但我总觉得不应该，哪怕读错了一点点，我也会感到很不安。朗读是钻研教材、语文备课的重要一环。朗读是活的，是跃出纸外的，是赋予作品以生命的。备课时，我力求把课文读“活”：朗读《卖火柴的小女孩》，学生听了不潸然泪下；朗读《小稻秧脱险记》，学生听了不手舞足蹈；朗读《桂林山水》，学生听了没有身临其境的感觉——我便认为范读失败，因为我没有把文章读“活”。朗读好了，钻研教材就成功了一大半——不是一半，是一大半！朗读的意义十分重大。教师的朗读水平有多高，学生的朗读水平就会有多高，甚至超过老师。教师的朗读水平低，就不可能期望他的学生朗读水平出众。师生朗读得精彩的课堂，必然是充满生机的、充满灵性的、富有情趣的课堂。

备“朗读”：第一，多读，用心揣摩课文的意境、思想感情（包括课文人物的思想感情）。第二，多听别人朗读，听录音。平时，我特别喜欢听广播电台的小说朗读、诗歌朗诵，这对提高我的朗读能力大有裨益。第三，说得远一点，要提高自己的艺术修养（尤其是音乐修养），丰富自己的情感。我是酷爱京剧的人，京剧艺术给了我丰富的营养。艺术修养高，情感比较丰富，人便容易和课文中的思想情感“对接”。

3. 钻研教材的第三步是正确领会作者遣词造句、谋篇布局的意图。教材中所选文章都是精品，语言运用得准确、生动就更不用说了。对于作者推敲、锤炼文字的匠心，一定要细心琢磨、体会。郑振铎在《燕子》中描写燕子用尾尖或翼尖点水形成的水圈儿，为什么说成“小圆晕”？“燕子飞倦了，落在远处的几痕电线上”，为什么这里不用“根”而用“痕”？别看只是一个字，这里有多少意趣呀！每篇课文都有不同的谋篇布局的方法，教师也要把握好，以便引导学生去感悟，去学习，去运用；对文章的妙处和特色理解了，成竹在胸了，课堂上便会自如地引导学生去感悟。教师毕竟是教师，是组织者、引导者。教师领悟得深，学生才能领悟得深，甚至在教师的诱导下超常发挥。否则，培养学生的阅读能力（包括鉴赏能力）就会成为一句空话。

4. 钻研教材的第四步是认真思考课后练习题的要求，有的题目老师要先做一做。例如，要求学生背诵的部分（或全文），我先背下来。要求学生正确、流利、有感情地朗读课文，我先努力去做。要求学生回答的问题，我先答一答（有时写在教案上，有时在心里想一想）。要求学生写的字和词语，我一定先写一写，每个要求写的字应注意什么，特别是每一笔在哪儿起笔、在哪儿收笔，一定把握准，否则就写不规范。例如楷体的“越”字，“戉”的第一笔“横”在哪儿起笔？这一点如果不“点”一下，多数学生会写错位置。它应该在“走”字的第三笔处起笔，即在“走”的第二横旁边起笔。要求学生造句，我一定先造，不是造一个，而是尽量地把这个词的运用范围都想到。如《水上飞机》一课，要求学生用“究竟”造句。课文中是这样写的：小海鸥决心去“问个究竟”。这里“究竟”作“结果”讲，即看个明白，看个结果。但词典里讲，“究竟”还作“追问”讲，“因有疑问，而追问”。如：“这种冰箱究竟省不省电？”我弄明白了之后，心里一亮，便有了底儿了，每个不同解释我都造了几个句子。这就取得了指导造句的发言权。但我造句的目的，决不是让学生抄袭以应付考试。那样做，就把孩子教“死”了。

以上说的是钻研教材的几个主要方面。钻研教材是备课的最重要一环。这法儿那法儿，钻研不好教材就没法儿。

5. 隐性备课还包括查阅资料。我书架上有《现代汉语通用字笔顺规范》《成语词典》《汉语大词典》《中国少年儿童百科全书》《中国通史》《中国大百科全书》《世界通史》等工具书，书案上还有电脑。

书到用时方恨少。在备《圆明园的毁灭》这篇课文时，我专门翻看了《中国通史》中有关英法联军的章节；教《海洋——21世纪的希望》时，我在网上搜集了不少海洋方面的资料（如潮汐发电站等），受益匪浅。《现代汉语通用字笔顺规范》我更是离不开，老师板书时把笔顺搞错是很要不得的。我有阅读的习惯，喜欢读书、报、杂志，这对我来说，也是备课。谁也说不定哪块云彩会下雨。有一次在长春上作文课，要和一个学生表演一个小节目，我问该生姓甚名谁，他答："冯羽商。"他又问我："从这个名字您发现什么了吗？"我问："这个名字是谁起的？""妈妈。""你妈妈一定懂音乐。"他笑了："对，她是音乐老师。""宫商角徵羽，古代的五音。你这个'商'相当于现在简谱中的'2'，'羽'相当于简谱中的'6'。"学生们专心地听着这一段小插曲。他们从中是不是感受到了一种文化？记得苏霍姆林斯基听了一位历史老师讲课，很感动，问他是什么时候备课的，这位老师说："备了一辈子。"——大意是这样的。

观点三：要思考教法。教师在思考教法的时候，必然"备学生""备学法"。前边我说了，课文钻研好了，教法往往也随之有了。即使没有找到什么好的教学方法，但只要朗读好了，读出文章的妙处和味道了，教师也能把课上得有滋有味、有声有色。有人请教一位台湾的教授怎样教语文，教授说："跟我读。"这话真是说到根本上了。

隐性实际上并不隐形，它指的是在写教案之前的准备工作。当然其中包括无形的思考。所谓显性备课指的是写教案。教案一定要写，但不要拘泥于形式。我所记下的东西都是重要的东西，以防忘记。这相当于"作战计划"。教学目标要记，过程要记，关键词语的处理及体会要记，要讲的重要的话要记；要求学生回答的问题，要求学生写的片段、造的句子，我先写一写、造一造。重要的参考资料也写下来。我以前书写较工整，为的是校长检查能得到好评。现在写得较随意，底线是自己必须能看懂。有些课文考虑得比较周密，我只写个大体教学过程。对已经教过数次的课文，我只写新的体会、新的处理方法。我还喜欢先在课本上写“教案”，美其名曰“备课于书”。我把隐性备课称为“备课于心”。我是每课都想“出新”的人，想每课都让学生喜欢，所以更多的是“备课于心”和“备课于书”。教案往往只写个过程，更细微的东西在书上。

总之，备课要从自己的实际出发，从方便教学出发。

钻研教材时，我喜欢和同事讨论。同事间的讨论（特别是上公开课），很有作用，有时会使我豁然开朗。自己久思不得其解的问题，往往会被别人一句话点破。听别人上课，也有助于对教材的把握——即使课上得不成功，至少也帮助你熟悉了教材。我的好多教学方法，都是在听别人的课时想出来的。

人教版小学语文课本第八册有一篇课文叫《全神贯注》，我读了一遍，就被罗丹的全神贯注的精神所感动。在我又读了两遍后，教法一下子就产生了：我打算一开始就把文章最后奥地利作家茨威格说的两句话作为名言送给学生：“那一天下午，我在罗丹工作室里学到的，比我多年在学校里学到的还要多。因为从那时起，我知道人类的一切工作，如果值得去做，而且要做得好，就应该全神贯注。”学生一定会问茨威格是什么人，可能有人也会问罗丹是什么人（也可能有少数学生知道），接着会问茨威格那天下午看到了什么，为什么会得出“人类的一切工作，如果值得去做，而且要做得好，就应该全神贯注”这个结论（事实证明我的预料是正确的）。这样，我便趁势引导学生自读课文，在文中自找答案。找答案不是目的，是为了引导学生读书、感悟。答案容易找出。学生找到了，证明对课文有了总体的了解。接着学生精读课文，品味关键词语，感受文字的魅力，感受作者描写的形象、逼真，感受罗丹的全神贯注。最后我决定让学生写写感受。

这一课，我备课的时间不过一个小时，教案写得很简单。这只是个过程，重点记下了要抓的关键词语，记下了怎样指导朗读的办法以及自己读了之后，写下的“名言”。教案虽然写好了，而且自己也较为满意，但出于习惯，我又查找了有关罗丹和茨威格的资料，这些东西虽然上课不一定用得上，但作为教师很有必要了解一下。

我之所以举这个课例，为的是具体说明我到底是怎样“隐性备课”和“显性备课”的。

下面请看我执教的《全神贯注》课堂实录。读者可以从中体会我是怎样把握教材、处理教材以及怎样引导学生的。

《全神贯注》课堂实录

第一节课

师：小朋友们好，知道我姓什么吗？

生：于老师。

师：姓于，可不是姓“于老师”。

（众笑）

师：你们知道我是哪儿人吗？

（生小声猜测）

师：江苏徐州。（稍顿）在上课之前，你们的老师对你们说了些什么？你们能不能告诉我？（无人举手）保密吗？（众笑）

生1：唐老师要我们上课认真听讲，踊跃发言。

生 2：要大胆发言，说错了没关系。

师：（对发言的小朋友竖起大拇指）是的，说错了没关系，我最喜欢说错的小朋友。（众笑）

生：唐老师要我们上课回答问题的时候，声音响亮。

师：以前上课说话要举手，今天在于老师课上想说话就站起来说，不要举手，直接说，好不好？

生：（惊讶，笑）好！

师：下面开始上课。我上中学的时候，读过一本书叫《钢铁是怎样炼成的》，书中有这样一段话，我至今没有忘记——（深情地背诵）人最宝贵的是生命。生命每个人只有一次。人的一生应当这样度过：当回忆往事的时候，他不会因为虚度年华而悔恨，也不会因为碌碌无为而羞愧；在临死的时候，他能够说："我的整个生命和全部精力，都已经献给了世界上最壮丽的事业——为人类的解放而斗争。"知道老师背的这一段名言是谁说的吗？

生：保尔。

师：实际上不是保尔说的，是写这本书的作家说的，知道他是谁吗？

生：奥斯特洛夫斯基。

师：了不起！好！我在上中学的时候就爱看《钢铁是怎样炼成的》，记住了这段名言。我听说你们特别喜欢背诵名人名言，而且背得比较多。你们能不能把喜欢的名言赠给我？

生 1：一寸光阴一寸金，寸金难买寸光阴。

生 2：人固有一死，或重于泰山，或轻于鸿毛。

师：这句话出自哪里？

生：《史记》。

师：作者是谁？

生：司马迁。

师：了不起！真了不起！

生1：书籍是人类进步的阶梯。——高尔基

生2：为中华之崛起而读书。——周恩来

生3：知识就是力量。——培根

生4：请把最光荣的任务交给我们，就是天塌下来我也要顶住。——董存瑞

师：小朋友们知道的名言真多！为了表示感谢，今天于老师也赠送给小朋友们一段名言。

（幻灯片出示课文第5段的一段话：那一天下午，我在罗丹工作室里学到的，比我多年在学校里学到的还要多。因为从那时起，我知道人类的一切工作，如果值得去做，而且要做得好，就应该全神贯注。——斯蒂芬·茨威格）

（指名朗读；齐读；再读最后一句）

师：读了于老师赠给你们的名言，你们有什么问题要提吗？

生1：茨威格在罗丹工作室到底看到了什么？

（师板书：？）

生2：这段话是什么意思？

生3：一天学到的怎么会比多年学到的还要多？

师：（执教棒指着幻灯屏幕）知道斯蒂芬·茨威格吗？

生：奥地利作家。

师：知道罗丹是什么人吗？

生：法国大雕塑家。

师：刚才几个问题的答案都在一篇课文里面，题目叫《全神贯注》。（师板书课题，边板书边讲）“全”上面的人写大一点，“贯”上面一横要长一些，注意笔顺。

（生齐读课题）

师：刚才的几个问题的答案都在课文里面，请你们一边读一边思考：为什么说一天下午学到的东西比多年在学校里学到的还要多？还有，这段话到底什么意思？一边读还要一边认字，注意拼音，要读得正确流畅。

（巡视朗读情况，表扬读书认真的学生）

师：书读完了，问题的答案找到了没有？

生：找到了。

师：（未叫学生回答）其实我担心的不是能不能找到答案，我最担心的是小朋友能不能把书读好——书读好了，答案自然会有的。再念一念，好不好？看看于老师的担心是不是多余的。

生：好！

（生自由朗读课文）

师：（笑）读得怎么样？老师的担心还有必要吗？谁愿意站起来朗读？

（学生一下子站起来很多）

师：（笑）都请坐，谁心里没把握，但是愿意站起来试一试？刚才站的不要再站了。

（学生踊跃站起来。师指名分节朗读。一个学生读第 1 段，读得很流畅，但罗丹的话读得不够味）

师：对于罗丹说的话，有没有人觉得你的体会和她（刚才朗读的学生）不一样？把你的体会读出来，和大家交流交流。

（一个学生站起来朗读，读得声情并茂）

师：从你的朗读看出你体会得很深。还有不同的体会吗？

（又一个学生站起来朗读，语气语调与前面的学生相比有变化，但感情表达得很恰当）

师：他读得怎么样？

生：他读得太好了，使我们感到罗丹就在眼前。

师：他读得好是因为他体会得好。对文章要有自己独特的体会，读法也可以有不同。请大家把罗丹的话再自由地读一下。

（生读完后，师指名要求学生继续朗读下一小段）

（学生把句子读到破折号，停住。师鼓励学生把句子重读完整。生读到有破折号的句子时，未停顿。师板书破折号“——”，待其读完）

师：（指着破折号“——”）前面说的话和后面不一样了，内容有了转折，就用破折号表示，我们在读的时候要停一下。请你把这句话重读一下。

（生重读课文，注意了停顿）

师：这一段有两个生字，这两个生字可不好写，请小朋友们看于老师是怎样写的。

（师板书生字：吵、醉）

师：“吵”最后一撇如刀一样，要写到“口”的下面。“醉”最后一竖千万不要出头太多，不然就破坏了上面两个“人”的团结。好，自己试着写一写。

（学生练习写字，师巡视，提醒学生注意书写姿势。写好后，师指名朗读第3段和第4段。学生读得较流利。学生读完后，师提醒学生注意“莫名其妙”的“名”是怎么写的）

（师指名朗读第 4 段。学生将“哎哟”读成“哎呀”）

师：停，注意看拼音，拼好了再读。

（生重读，但又将“哎哟”读错）

师：不要紧，重来，再读。

（生还将“哎哟”读成“哎呀”）

师：再看一看，心里拼一拼。大胆地读，勇敢一点，你能读好的。

（生终于将“哎哟”读正确）

师：哎哟！读对了！

（众笑。师再指名朗读第 4 段。学生读茨威格的话时，声音很大；罗丹抱歉的话也读得不够好）

师：罗丹与茨威格离得远吗？（生：不远）虽然一个在门内，一个在门外，但毕竟离得不远。既然这样，那应该怎样读茨威格的话？罗丹猛然想起他的朋友后是怎样抱歉地说的？请你们再读一读，边读边想象当时的情景，好好体会人物的感情，琢磨一下两人的话该怎样读。

（生边读，边想象、体会。读好后，师还请这个学生读。学生如临其境，读得惟妙惟肖，但也将“哎哟”读错）

师：什么“哟”？看拼音，不要看我的脸。

（生重读，读正确了）

师：掌声鼓励。

（生鼓掌）

师：这就是茨威格那天下午在罗丹工作室所经历的事。他很有感触，写了这样一段话——

（师放幻灯片，执教棒指屏幕让学生齐读茨威格的名言）

师：书读得不错，看来于老师的担心是多余的。虽然名言能够启迪人、教育人，但是最令人难忘的还是这件事儿。罗丹那种不满足、精益求精的表现，最叫人难忘，最叫人感动。所以我们与其记住这段名言，倒不如记住这件事情。下面我们来一次比赛，请小朋友读第 2、3、4 段，全班四组各选一人进行比赛。选谁呢？我现在不说，大家先做准备。请中队长到我这儿来。

（学生练习朗读，准备比赛）

（师跟中队长讲了几句悄悄话，中队长点点头。等大家读好了，中队长在四个小组分别挑选一名朗读能力最弱的学生）

师：参赛选手已经选定了。各组组长可以组织本组同学对选手进行指导和帮助，提高他的朗读水平，让他为你们小组争光。

（各组组员迅速围住参赛选手，采用示范、读中纠错等多种方法帮助选手提高读的水平，气氛十分热烈）

第二节课

师：请四个小朋友到前面来。（四个学生上台）

师：（微笑着看台下）你们有话要对这四个小朋友说吗？

生（第一组）：错了没关系，只要你尽力了，就行。

生（第二组）：我们全组的希望都寄托在你身上了，你可得尽最大努力呀！

生（第三组）：只要你努力就行了，我们支持你。

生（第四组）：努力，努力，再努力。

生 1：要充满胜利的信心。

生 2：读的时候不要怕。

师：（摸摸参赛学生的头）现在怕不怕？

生：（摇摇头）不怕。

师：怕的话，来一个深呼吸。（师做出深呼吸的样子，生大笑）

生：杨建，你一定要努力，争取拿第一。

师：拿不到第一怎么办？

生：第二也行。

（众笑，台下气氛十分活跃）

师：比赛现在开始。

（参赛队员逐一朗读课文，十分投入，都读得正确、流利，除一个学生外，其他三人都比较有感情）

师：他们读得怎么样？各组同学评一评自己的选手。

生（第一组）：虽然我们组的同学读得不太好，但我们知道他已尽了很大的努力。而且他比平时读得好，我们也为他高兴。

生（第二组）：他读得比平时好多了。

生（第三组）：我们为他的进步而高兴、而自豪。

生（第四组）：四个同学读得都很棒。

生（第四组）：他刚才读得很好，和平时比，简直一个天上，一个地下。

师：瞧，现在在天上，平时在地下。

（生大笑，气氛更为热烈）

师：既然四个小朋友读得都比平时好，都很棒，那么他们都是第一名，并列第一，好不好？

生：（鼓掌）好！

师：请参赛的小朋友每人说一句最想说的话。

生 1：谢谢大家对我的鼓励。

生 2：开始有点紧张——那么多人看着我；后来听了大家鼓励的话，好多了。

生3：相信我下次会读得更好。

生4：我觉得我没有李亚鹏读得好。

师：多谦虚的孩子！

（生鼓掌，四个小朋友回到座位上）

师：我看在座的小朋友都是好样的，都有自己的长处，只要努力都会进步，是不是？

生：是。

师：下面老师还想请四位组长比一比，老师也想参加。

（四位组长上台，师请一个学生代表老师来确定比赛顺序）

师：请台下同学做评委，注意听。

师：各组同学有什么话要对你们的组长说吗？

生（第一组）：虽然你旁边都是高手，但我们相信你是最棒的。

生（第二组）：你一定能战胜他们。

生（第三组）：别紧张，要相信自己的能力。

生（第四组）：别把名次放在心上，只要把自己的最佳水平发挥出来就行。

（四位组长朗读，读得不但流畅，而且很有感情，各具特色。每位组长读完，台下都响起热烈的掌声。师微笑着在一旁听读）

师：我不读了，不敢读了，这四位可都是高手啊，我不行。（众笑）班上还有高手吗？（一个学生上台）

师：（主动上前握手）现在你代表我和他们比赛，希望你能比他们读得更好。

（学生朗读）

（师鼓掌，台下掌声不断）

师：这位同学读得怎样？

生：太好了！

师：（对刚才读的学生）你认为有没有这四位组长读得好？

生：（笑）没有。

师：你真虚心！

生：底下还有更棒的。

师：那就请“更棒的”上场。

（又有学生上台朗读。生有些紧张，额上渗出汗珠，但读得很好）

师：（拍拍学生的肩膀）你有什么感想？

生：跟这些高手站在一起，非常不容易。

师：怪不得额上冒了这么多汗。台下还有高手吗？

（又有学生上台）

（师鼓掌，台下鼓掌）

（生读得很好，师上前与其握手，表示祝贺）

师：宣布比赛结果，四位组长并列第一。

师：茨威格正是有了这段经历，才发自内心地写下了这段话——

（师打出幻灯片，执教棒指着屏幕，再次让生齐读茨威格的名言。生齐读第5段。之后，师未让学生讲这句话的含义，自己也只字未提）

师：其实名言不一定都出自名人之口，老百姓说的话只要有道理，也可以叫名言。“庄稼一枝花，全靠肥当家”，这就是老百姓说的名言。今天读了《全神贯注》这篇课文，同学们也一定有话要说，把你们的话写下来，也叫名言。想不想写？

生：想。

师：老师读了这篇文章也有感触，也写了一句名言：“做什么事只要一丝不苟，全神贯注，就一定能做好！——于永正。”这是不是名言啊？

生：（笑）是！

师：你们是未来的科学家、生物学家、诗人、作家，你们写好名言后，也可以注上破折号，写上“未来的 ×××”。

（学生准备写“名言”，刚要动笔——）

师：停一下，为什么罗丹用湿布将塑像盖起来？

生：因为这样方便下次修改。

师：说得好。罗丹有没有满足？（没有）这是怎样的精神啊？不用回答，请你们写名言吧。

（师巡视）

师：谁来读一读自己的名言。

生：我写了一首诗：“罗丹罗丹真专心，朋友在家不‘放心’，我们应该学罗丹，全神贯注永记心。——未来的歌唱家胡佳尧。”

（一片赞叹声、掌声）

师：你不但是未来的歌唱家，你还是未来杰出的诗人——这是一首“心”字诗。（生赞叹）

生：“做什么事都要全神贯注，只要全神贯注，就一定能成功。——未来的天文学家李丹。”

师：（笑）为未来的天文学家鼓掌。

生：“不满足＋一丝不苟＋全神贯注＝成功。——未来的发明大王廖志俊。”

师：为发明大王发现的伟大公式鼓掌！（生热烈鼓掌）

生：“成功是有信心加全神贯注，还要有永不满足、不断进取的精神。——未来的大文学家、中国的高尔基高至人。”

师：向中国的高尔基致敬！（生鼓掌）

生1：“没有最好，只要超过昨天的自己。——未来的哲学家刘琴。”

生2：“不满足现在，只满足未来。——未来的画家倪雅韵。”

生3：“不满足最好，只追求更好。——未来的作家于力。”

师：这名言说得更好，为他鼓掌。

生：“人不断地皱眉头，就能不断地发现自己的缺点；不断发现自己的缺点，就能不断进步。——未来的作家、生物学家刘逸驹。”

师：说得真棒！来，未来的作家和生物学家，请摄影师给咱们照张相留念。（师走过去，半蹲着和学生拍照）

师：小朋友们，你们真聪明，真了不起。请你们回去把自己的名言写好送给我，好不好？

生：好！

师：要下课了，有什么话要对我说吗？

生1：希望你能常给我们上课。

生2：希望你常来襟江小学。

师：（笑）好。

生3：虽然你要走了，但我们的心依然连着。

生4：下次再见，不见不散。

到这里，关于备课的话题似乎可以画个句号了。但意犹未尽，我还想就“教后记”（即写所谓的“反思”）说几句话。我从年轻的时候起就写“教后记”。这是我在备课本上为自己开辟的一块园地：一堂课下来有时很兴奋，就赶紧记下兴奋点（即成功点）；有时也遗憾，就赶紧记下这遗憾。在记的过程中，自己的认识往往会得到升华，负面的东西会一下变成积极的，这是一种非常微妙的感受。所以我说：反思吧，记下来吧，这样，成功和失误都是收获！可以这样说，我是在不断地写教育、教学札记的过程中成长的。我把我为徐州市民主路小学的《教学反思集》的题词抄录下来，作为文章的结束：

“写教学反思实际上是对自己的备课及实施的总结。认真写三年教案的人，不一定成为优秀教师；但认真写三年教学反思的人，必定成为有思想的教师，说不定还能写出一个专家来。”

2

管 建 刚

让每一个学生都成为课堂学习的主人

管建刚，江苏省吴江经济技术开发区长安实验小学副校长，正高级教师，江苏省语文特级教师，国家“万人计划”特殊支持领军人才，全国优秀教师，苏州教育名家，2008 年度全国“十大推动读书人物”，首届“苏教名家”培养对象，著有《家常课十讲》《家常课对谈》《线上家常课》《家常课问诊》《不做教书匠》《我的作文教学革命》《我的作文教学故事》《我的作文教学主张》《我的作文训练系统》《我的作文教学课例》《我的作文评改举隅》《教师成长的秘密》《管建刚和他的阅读教学革命》《我的语文观》《我的下水文》《一线带班》《指向写作：我的 9 堂阅读课》等专著 28 部。

名 师 故 事

让每一个学生都成为课堂的主人

雷 玲

1991 年，管建刚成为一名光荣的人民教师。2023 年，是他踏上讲台的第 33 个年头。

30 多年来，他以“咬定青山不放松”的坚定与执着，坚守在教育岗位上，用心做事、诚心做人，不断地探寻教育工作的内在规律。

一、“后作文教学”

提到管建刚，“后作文教学”是个绕不过去的概念。管建刚和他的团队办了成千上万期的《班级作文周报》，“后作文教学”是管老师自己 30 多年作文教学经验方法的总结提炼。“先号脉，后下药”，“后作文教学”注重作后的指导和发表。管建刚认为，发表可以激活学生的写作动机，还可以培育写作的最大技巧——读者意识。

2008 年 7 月，《小学语文教师》以《管建刚和他的“作文教学革命”》为题，对管建刚老师10年来的作文教学经验和成果进行了深度报道，引起广泛关注，管老师的作文教学理念和实践方式也很快得到了广大老师的认可和喜爱。

2013年，《小学语文教师》用3期的篇幅，以《管建刚和他的阅读教学革命》《“管建刚和他的阅读教学革命”大讨论》和《“管建刚和他的阅读教学革命”再讨论》为题，对管老师的阅读教学改革进行了深度报道，引起广泛关注和强烈反响。同年9月，入选中国人民大学复印报刊资料转载名录的《小学语文教与学》以10多个页面进行专题转载。2015年，《小学语文教与学》再以近20个页面专题转载了管建刚的“指向写作的阅读教学”系列论文。

近年来，他先后成为《江苏教育》《小学语文教师》《语文教学通讯》《小学语文教学》《小学教学》《新作文》等期刊的封面人物，应邀到北京、上海、广东等30多个省、直辖市开设示范课和讲座，还应邀到马来西亚讲课。

二、教学研究怎样才能不增加教师负担

管建刚名师工作室目前办了很多届，每一届工作室成员都跟着管建刚学3年。但管建刚发现，只有极少数的工作室成员能上出让他满意的课。指向写作的阅读课，要求上课的人不仅拥有“怎么写”的阅读思维、“怎么写”的解读思维，还要能处理好“写了什么”和“怎么写”之间的“度”，而“度”是无法教的艺术。

这种现象引发管建刚的思考：在他工作室待了3年的教师都只能学到这个程度，那么偶尔听一节课、听一个讲座的教师又能学到什么呢?

管建刚还发现一个现象：近20年来，线上线下的培训课程不

可谓不丰富，质量不可谓不高，名师不可谓不多，然而教育教学的生态却不容乐观。

“这与当前的教师培训不无关系：一方面，绝大多数教师不是把培训当学习，而是当任务；另一方面，培训会上的高质量课堂、高质量报告，一线教师是当相声来享受的，是当艺术来欣赏的，觉得离自己的世界很遥远，回去后‘我还是原来的我’。”管建刚认为。

他开始思考：如果我们的教学研究还建立在增加教师负担的基础上，教师怎堪重负？教学研究应该真真切切地为教师减轻负担，只有这样，一线教师才会发自内心地欢迎和接受它。

于是，他带着团队做起了“家常课”改革。

三、“把课堂还给学生”

2018 年 11 月，管建刚来到吴江经济技术开发区长安实验小学担任副校长，负责学校青年教师的培养以及教学改革工作。

为了提升课堂教学效率，管建刚主持开展了“小学语文教学‘刚需作业不出课堂’的实践研究”，并提出了“家常课”的概念。“家常课”的核心就是突出学生主体地位，把课堂时间还给每一个学生。

管建刚说过，“把课堂还给学生”就是“把课堂时间还给每一个学生”，让每一个学生都成为课堂学习的主人，让每一个学生都能完整地拥有课堂的 40 分钟时间。一堂课 40 分钟，70% 的时间还给学生，给学生充分的“读、写、背”的时间，让每一个学生的每一分钟都“动”起来，提高课堂效率。

管建刚和他的团队开发了部编版小学语文教材 12 册的“家常课”任务单。每一张任务单都有四项任务，对应“家常课”的“读—习—读—习”四个环节。课上，学生“口”“手”交替，“学”

个不停、“习”个不停，当堂熟悉课文，当堂背出该背的，当堂抄写、默写，当堂完成课后习题，当堂完成配套练习题，从而实现“刚需作业不出课堂”。

“家常课”倡导的“教育回归学校，学习回归课堂”改革理念，强有力地呼应了国家的“双减”政策。2021 年 1 月，《中国教育报》以“把时间还给学生的课堂什么样——苏州市吴江经济技术开发区长安实验小学家常课改革探索”为题，大篇幅报道了由管建刚老师领衔的“家常课”改革。2021 年 6 月，《语文教学通讯》以“语文老师的‘福音’，广大学生的‘福利’——吴江经济技术开发区长安实验小学‘习课堂’改革访谈录”为题，对“家常课”改革再次大篇幅报道。

课堂是学生“学”的地方，更是学生“习”的地方。学习回归课堂，不只是“学”的回归，更是“习”的回归。“学而时习之”，“习”不应是课后的负担，而是课上的巩固、促进和反馈。

管建刚认为，把课余时间还给学生，把放学时间还给学生，把双休时间还给学生，“教育回归学校，学习回归课堂”是“双减”的选择，是时代的选择，是教育者的选择。

对话

问：对您影响最大的一本书是什么？为什么？

答：《小窗幽记》。它让我知道了做人和做事是怎么回事，中国人的处事和处世是怎么回事。《小窗幽记》《围炉夜话》《菜根谭》，都是我会读一辈子的书。

问：对您影响最大的教育大家是谁？您最欣赏或景仰他什么？

答：薛法根。《小窗幽记》说：“伏久者，飞必高；开先者，谢独早。”法根30岁评上特级教师，丝毫不懈怠，越飞越高，太难得，太给力了。

问：对您启发最大的一句教育名言是什么？

答：苏霍姆林斯基说：“如果你想让教师的劳动能够给教师一些乐趣，使天天上课不至于变成一种单调乏味的义务，那你就应当引导每一位教师走上从事研究的这条幸福的道路上来。”

问：您教学观中的关键点有哪几点？

答：我的作文教学观——①“生活”重于“生成”；②“发现”重于“观察”；③“讲评’重于“指导”；④“真实”重于“虚构”；⑤“写作”重于“阅读”。

问：您心目中理想的语文教师是什么样的？

答：在“写”“读”中生活的语文老师。

问：您上过的最满意的两堂语文课是什么？简要总结其特点。

答：《记一件成功的事》《神奇的克隆》。前者，讲评课，体现了我“先写后教”“以写定教”的教学理念；后者，阅读课，体现了我“指向表达”的阅读教学理念。

问：您写过的最满意的三篇语文教学论文是什么？

答：《我从不上“作前指导课”》《“发现”重于“观察”》《作文革命》，均刊于《人民教育》。

问：您通常怎样战胜挫折和困难？

答：用写作。对快乐人生来讲，挫折和困难越少越好；对写作来讲，人生的挫折和困难越多，写出来的故事越有曲折感，越精彩，越吸引人、打动人。

问：您取得优秀成果的主要经验和体会是什么？

答：坚持自我。第一，要坚持；第二，坚持自己的东西。没有坚持，一事无成；坚持的不是自己的，行而不远。

问：请评价一下您自己的性格特点。

答：安静，享受心灵的丰富。

问：您的业余爱好是什么？

答：静坐。静坐有利于“身”，更有利于“心”。静坐和写作一样，让人从外在的物质的世界，回到内在的心灵的世界。

问：您的人生格言是什么？

答：工作上，要有“小事也大”的原则；生活上，要有“大事也小”的心态。

问：您认为好老师应该是什么样的？

答：课间，学生想到他办公室去玩一会儿的老师。

问：您最喜欢什么样的学生？

答：能给我故事的学生。两类学生会给我故事：一是有个性、有脾气的学生；二是给我添麻烦的学生。我喜欢他们一次又一次的“事故”，在我的笔下，“事故”都成了一个又一个故事。

教学智慧

作文教学的另一条出路

管建刚

作文附带的信息是什么？是限制的、逼迫的、冰冷的、不自由的……日记附带的信息是什么？是自由的、自我的、温暖的、“我”想要的、自觉的……每一个真正的语文老师都知道，对于写作而言，“日记”所附带的信息多么重要！

一、日记是发现、开掘“写作金矿”的最佳路径

几乎每一个作家都说，日记对他的写作产生重要的影响。这个影响，不只是让他“拳不离手、曲不离口”地练，更在于，他由此知道了写作是心灵的、温暖的、自我的，是带着生活的温度、心灵的暖度的。写作教学和数学教学的分道扬镳处也在这里。数学教学，一个个知识点往下讲，一道道数学题往下做。学生心情不爽，不想做，不愿做，想打篮球，想玩游戏。数学老师说，先完成数学作业，学生只好一道道往下做，一步步往下解。只要学生具备解题能力，题目必定“八九不离十”地做出来。情绪对作业正确率有影响，但不大。

语文教学的“数学化”倾向，是语文教学的一大祸根。作文教学的“非数学性”，也正被机械的、数学化的作前指导逼得走投无路。除了革作前指导的命，作文教学的另一个出路是加强“日记教学”，日记是发现、开掘“写作金矿”的最佳路径。只要老师不是个“语言霸王”“权力霸王”，日记就是当下的，切合学生自己的情感和生活的，用学生自己最熟悉的话语体系和表现形式来描述、叙述的。

二、写作的种种要素，全在日记里

一般地，日记是一个人躲在房间里写的，而不是左边一个同学，右边一个同学，前边一个借橡皮的，后边一个踹凳子、拉小辫儿的，时不时还有老师走过来，“笑里藏刀”地说：“看看你写得怎么样。”

这哪是“看”，这是阻碍、妨碍、横插一杠子。

托尔斯塔娅回忆父亲列夫·托尔斯泰写作，说父亲常把自己关在房间，模仿故事里的人物说话、做动作，还模仿小说里的狗，爬着，叫着。我百分之百相信托尔斯泰这些举动的真实性。写作就是这么自由、率性。课堂作文，学生不可能有此自由空间，外部环境的不宽松、内在心灵的不放松，是学生作文质量远不如日记的重要原因。

人写作时，很少正襟危坐。有的托着腮帮，有的皱着眉头，有的摇晃身子，有的嚼口香糖，有的喜欢点一支烟。你要是拔下他嘴里的烟，他的写作思路就此停止。你要是不让鲁迅抽烟，你或许看不到那些伟大的作品。写作的种种要素，种种自由和自在，以及身体到心灵的彻底放松，全在日记里。

三、日记教学，老师需要做两件重要的事

学生日记如果老写一句两句，当然不行。那需要必要的“诱惑”，需要老师一整套的教学方法和程序。

日记教学不是不要老师，随学生信手写，老师需要做两件重要的事：①找出一个使用日记来进行作文教学的“方法和程序”。②学生写好后，老师给予指点，这就是重视作后讲评。

老师能做的，组织而已，引导而已，激励而已，影响而已。阅读习惯的养成，你说有什么方法呢？读而已，鼓励而已，班级里同学喜欢读，学校里老师喜欢读，家里爸爸妈妈喜欢读，影响而已。

一些人打着“日记”“随笔”“札记”的旗号，编了一本又一本的作文教辅，我不能不怀疑：他们研究作文教学究竟是为学生，还是为钱？日记，怎么可以、怎么可能照书上的，一天天、一步步展开？今年的学生，照上面的一天天写；明年的学生，照上面的一天天写。北方的学生，照上面的一天天写；南方的学生，照上面的一天天写。那不是“笑话”，也一定是“胡话”。

教学实践

案例 1

一堂别开生面的作文讲评课

管建刚

一、聊天

师：你们知不知道今天石狮（福建省地名）的气温？

生：27 摄氏度到 33 摄氏度。

师：现在应该是 27 摄氏度，一个舒服的温度。如果我们搬到操场上、太阳底下，会怎样？

生：很热。

师：“热”是身体的感觉，你内心的感觉是什么？

生：心烦意乱。

师：会心烦，这是环境、气温影响了我们的心情。喜欢打篮球的男生有吗？一个、两个、三个……七月份有没有打过？

生：有。

师：热不热？心情怎样？

生：热，很爽。

师：一个同学说，在外面上课心烦意乱；打篮球的同学只感觉到一个字——“爽”。这是为什么？

生：因为他们做的是自己最喜欢的事情。

师：气温、环境会影响我们的心情，反过来，当你做一件自己非常乐意的事，你的心情似乎也会“改变”实际的环境、气温，很有意思，人是一种很奇妙的动物。

二、欣赏

师：暑假里，收到你们的作文，每当读到一句很精彩的话，我就会兴奋，感到文字带给我一种享受。看看是哪些同学给我带来了享受（出示课件），一起念：

> ★听到语文老师要走的消息，仿佛一根无形的针狠狠地扎透了我们的心。——王煜桂
>
> ★被我们搞得一头雾水的王老师，只好乖乖地坐在讲台前，看我们葫芦里到底卖的是什么药。——谢斌雅

（生齐读句子）

师：这两句话很有意思。语文老师要走，你说心里有没有针？没有。老师坐在讲台前，你说他脸上有没有雾，有没有水？那个时候的同学们心里有没有葫芦？没有，这么一写，那么巧，那么妙。

（出示课件）

> ★如果我王志鑫会不恨这个老师，会喜欢上他的课，我王志鑫就和王天享姓，永不后悔。——王志鑫

（一男生念。众笑）

师：有一个男生小声嘀咕：这话，“说”跟“不说”不是一个样吗？告诉你，不一样。一句话能够使人发笑，这就叫精彩。你写作文，写完一句话，暗自得意，想笑一笑，那才叫写作的享受。

（出示课件）

> ★要知道，数学是我的仇人，我越觉得没有信心的题目，越会对，而验算了不知几十遍、几百遍的题目，却会错！——蔡樱棋

师：你可怜，还有比你更可怜的。

（出示课件）

★为什么世上有数学？为什么世上有计算题？我讨厌数学，更讨厌计算。我那时一看见计算题就晕，因为我连9加6都要扳着手指算，才能写上去，还经常出错！——施世鸿

（生自由读，大笑）

师：没事。数学没学好，把作文写好；当不成华罗庚，你学你的老祖宗施耐庵，写小说去！这些话为什么精彩？因为他们说的都是真心话，都是心里话。精彩来自真实，来自你内心深处，有你的笑，有你的泪。

（出示课件）

★我小时候非常憎恨我的父母，恨他们为什么不是外国人，那样的话，我就可以不用学习语文了。——林心媚

（众笑）

师：多真切的话。写作文时一定要问自己：我写上去的话是我心灵深处真实的话吗？

（出示课件）

★我想起来了，那位老师那么凶，平时跟母老虎似的。哈哈，现在，我终于可以报仇雪恨了！我痛快地给那位老师打了"C"，一股满足感从我脚底升了上来，充满了心房……——陈慧萱

师："一股满足感从我脚底升了上来，充满了心房"，她真会写，下一句也是她写的。

（出示课件）

★想着想着，我的内心便像打翻了五味瓶，伤心、悲哀、后悔、痛苦……一堆的滋味，堵住了我的心口……

师：我觉得她很了不起，能够将自己内心看不见的情绪用看得见的文字捕捉，这是一个很重要的写作能力。

（出示课件）

> ★我，真的疯了！疯狂地拒绝游戏，疯狂地认真学习，疯狂地吮吸知识的甘露，却忘了还有友谊的美酒。——吴倩华

师：三个“疯狂”，非常有表现力。一篇文章要有文采，才能得高分。什么是文采？一篇文章有两三句这样的话，那叫精彩，那叫有文采。

（出示课件）

> ★我清楚地看见，老师眼眶里蓄满了泪，然后，一滴一滴地落了下来。但，老师笑了，轻松地笑了。——卢章勤

师：我最欣赏里面的两个词。（很多人说“蓄”）不，不是。我欣赏“然后”、逗号，“但”、逗号。在我看来，能够将“然后”用得恰到好处的人，太少了；能够将关联词用得恰到好处的人，太少了。这点待会儿会讲到。

（出示课件）

> ★多么希望我能像童话里的那只青蛙，遇到一个真心爱我的公主，直到遇到她……——蔡斌杰

（众笑）

师：哪位是蔡斌杰？没来？没来也好，我正好趁他不在，宣布他的秘密。——“直到遇到她”，她是谁？答案会让你深深地失望。

（继续出示课件：陈老师。生再次大笑）

师：能够使你在阅读中有情绪起落，起落之后会心一笑，那就

是美妙。写好作文后，一定要回过头来读一读，看有没有这样美妙的句子。没有，要念，要修改，要打磨。

三、挑刺

（一）“关联”病

师：欣赏了比较有趣的、优秀的句子，我要给大家挑挑刺。

（出示课件）

★我气极了，虽然嘴上不敢说，但是心里一个劲地骂老师。

师：这句话通顺。我要删掉两个词，会删哪两个呢？

（出示：删去“虽然”“但是”）

师：这两组同学念原句，“虽然”“但是”留着；那两组同学，去掉“虽然”“但是”念。

（生读句子）

师：（保留关联词的句子）通不通？

生：通。

师：顺不顺？

生：不顺。

师：你再念一遍，感觉一下。

（生念）

师：（去掉关联词的句子）通不通？

生：通。

师：顺不顺？

生：顺。

师：读惯了加关联词的句子，把关联词去掉，你会不适应。我们写惯了有关联词的句子，一下子去掉了，不适应。多念几遍，你会觉得去掉关联词的句子，更干净、更利索。干净、利索、简洁，那就是一种美。

（出示课件）

★章老师走到床边，见我被子没盖好，便帮我盖好，嘴里还念叨着："这个孩子也真是的，等一下感冒了怎么办？"虽然这话里有点怨言，但更多的还是关爱啊。

★因为我运动细胞很差，所以上小学一年级，我最讨厌的课程就是体育。

（出示课件：一句删去"虽然""但"，一句删去"因为""所以"）

（生念删去关联词后的句子，教师板书："关联"病）

师：在绝大多数情况下，语言本身是流畅的，像小河里的流水一样流畅；不流畅的时候才要用关联词，"联"一下，这种情况不多。我从大家的作文里看到，许多同学使用了大量的关联词，我发现，绝大部分关联词是不需要的。这是一种病，一种常见的病，叫"关联"病。一起念。

生："关联"病。

（出示课件）

★我们正做着语文练习，如果有不会的题目，我就与同桌交流讨论，虽然讲话的音量已经降低了很多，但还是被老师灵敏的耳朵捕捉到了。

★从此以后，我渐渐地喜欢上了语文，并且成了老师的得意门生。而且我悟出了一个道理：任何事情，尝试过，才能知道它的"味道"。

（前一句删去“如果”“虽然”“但”；后一句删去“并且”“而且”）

（出示课件）

★我那时一看见计算题就晕，因为我连9加6都要扳着手指算，才能写上去，还经常出错！

★我，真的疯了！疯狂地拒绝游戏，疯狂地认真学习，疯狂地吮吸知识的甘露，却忘了还有友谊的美酒。

师：这两句是好句子，了解了“关联”病，你们一定知道删去什么会更好。请小作者回答。

生1：我这句要删去“因为”。

生2：我这句要删去“却”。

师：平时你们做不做一道题，叫“关联词填空”？

生：做。

师：你们为什么得“关联”病？都是这道题害的。（众笑）关联词填空只是考试，平时写作文能不用关联词就不用。关联词是语言的“胶水”，用胶水粘上的东西是不值钱的，一块完整的东西值钱。这是大家要注意的一种病。一起念。

生：“关联”病。

（出示课件）

★可过了一段时间……

★可是等到了我们第二次月考的时候……

★可这一聊天就糟了……

★可等了半天，来的却是数学老师……

★可都是为了给我们数学本来就差的五（3）班……

师：无数的“可”，可能天气太热，“渴”死了。（众笑）

（二）“我想”病

（出示课件）

★我跑到了一个墙角，眼泪不争气地掉下来，一滴、两滴……我想：我也想为班级争光，这次我不是故意的啊，为什么同学们都不理解我？

★下午月考时，试卷上竟然出现了和老师所说差不多的题目。我想：幸好上午听了老师的讲解，不然，这一次可就考砸了。

师：都用了同一个词，发现了吗？（生说“我想”）对，“我想”。删去“我想”，读。

（生读句子）

师：去掉“我想”，通不通？顺不顺？

生：通、顺。

师：是更通、更顺！你写文章时，会写到动作，你会这样写吗？——“我的动作：”。写到表情的时候，你会这样写吗？——“我的表情：”。（众笑）——不会。偏偏写心里的想法，就要写“我想：”。这已经成为一种病了，叫什么病？——“我想”病。

（生笑。师板书：“我想”病）

师：不需要用那么多的“我想”来连接。你看——

（出示课件）

★嗯，我想：我也疯狂了？是我太敏感了？……

师：多好的话，偏偏来一滴“胶水”。“我想”，想什么想呢，本身就在“想”了呀。

（出示课件）

★放学以后，已经五点多了，我想：如果去叫老师帮我补一下，不知道他同不同意。……老师讲完后，问我："懂了吗？"我想：如果我说不懂，那老师还要讲很久，老师会饿的；如果说懂，那不是骗老师吗？……

★……"啪"的一声，落在我的手上，我急忙坐好，轻轻地抹了一下手。我心想：太痛了，这个死老师、臭老师、坏老师，竟敢打我！轻轻一打还差不多，这么用力，实在是重男轻女啊！

★老师帮我撕开包装，拿了一块放进我嘴巴里。咦，巧克力这黑不溜秋的东西，啥时候变得那么好吃了？我想。老师问："很好吃，对吧？"

（生自由选一两个句子，去掉"我想"，比较朗读）

师：平时，我们口头说的话，是粗糙的、不精致的。写下来的话，要精致。写好作文，读一读，看有没有"关联"病、"我想"病；删一删，能将文章改得更干净、更通、更顺。

（三）"我"病

（出示课件）

★我听见外面有声音，便起来看看情况，我一看，愣住了，只见章老师正在批改作业，我一看时钟，1点多了！

师：这段话你发现问题了吗？

生：一句话里出现了三个"我"。

师：对，只要留第一个"我"就行了。

（出示课件）

★我一见画笔我就闹，我已经对自己失去信心了。

生：这句话，留两个“我”，去掉第一个“我”。

（出示课件）

★那个时候，我妈妈恨不得把我的屁股劈成两瓣！

师：一些同学老喜欢说“我妈妈”“我爸爸”，谁稀罕？不写“我”，没人来抢你的妈妈。（众笑）——好句子也有些瑕疵，请看（出示课件）：

★想着想着，我的内心便像打翻了五味瓶，伤心、悲哀、后悔、痛苦……一堆的滋味，堵住了我的心口……

生：删去前一个“我的”。

师：这些病，叫“我”病。（生齐读：“我”病）不是你们病了，是带双引号的“我”病。

（出示课件）

★老师虽把我们的一节又一节副课给我们占去了，可都是为了使我们数学成绩本来就差的五（3）班，能更上一层楼！

师：这一句得了什么病？

生：“我们”病。

师：去掉“我们”，念。

（生读句子）

师：这是“我”病的“分公司”，类似的还有“他们”病、“他”病。以后写作文，要注意这三个病：“关联”病、“我想”病、“我”病。

四、训练

（一）例话

（出示课件）

★屋外，天好像裂了一个大口子，雨不由分说地倾泻下来，打在玻璃上、树叶上。

★清凌凌的水，蓝莹莹的天。开心地笑，暖暖地叫。

师：两段话都写得很美。第二段话还押韵，很上口。请两位小作者告诉我：为什么要写这些景？

生1：使文章更生动。

生2：是为了突出自己的伤心。

师：想通过“景”来写“情”，这个写作意识很好。可惜作为读者的我，没读出来。是我水平不行吗？蔡育奇的文字就让我读出了这层隐含的意思。

（出示课件）

★深邃的天空，稀疏的月光，我望着窗外的丝丝春雨，那件往事又涌上心头。

★窗外的风放肆地刮着，雨尽情地下着，教室里只有我与老师的身影。

★啊，老师真像一场春雨，“随风潜入夜，润物细无声”。雨一直下着，下着……

师：三段话仅仅是写春雨吗？你还读出了什么？

生：不是。这三句也是写老师的。

师：是的。这三句话分别在文章的前、中、后三处，联系在一起，表面看写的是“景”，内里蕴藏着“情”。——不过，蔡育奇，过了一段时间，你再读，看出问题来了吗？——深邃的天空，一般是晴天的现象。有月光的夜晚还下着雨，这个奇观我长这么大没见过，比看日全食还难。（众笑）这个写景不符合实际。第二句也有点问题，发现了没有？

（生思考，发现不了）

师：春风。老师像春风那样“放肆”地“刮”着。（众笑）看我改的（出示课件），读——

★窗外的风轻轻地吹着，雨柔柔地下着，教室里只有我与老师的身影。

师：你写的景要和当时的真实情况相吻合，要前后一致、情绪一致，这是写景，也是写人。（板书：写景即写人）

（出示课件）

★细雨滴答滴答地下着，我撑起一把雨伞，踩着与雨一样好听的韵律，走在细雨湿润过的小路上，脚很舒服，心很惬意。淅淅沥沥的雨落在伞上，沿着伞面轻轻地滑落，一滴、两滴、三滴……雨滴像断了线的珍珠不断地落下来，跌到水坑里，绽放出一朵朵小花，泛起一道道美丽的水纹。

师：这场雨是怎样的？（美的）作者的心情呢？（高兴）再看这一场雨，不一样。

（出示课件）

★天的心情捉摸不透，刚才还好好的，一转眼，哗啦啦，暴雨从天而降，无情地洒在人们的头上，没有一丝怜悯。地上的小草早已黯然失色，把头都缩回去了。倾盆的大雨像匕首一样，刺痛人心……

生：这场雨是哭的。

师：雨真的会哭会笑吗？是谁在哭、在笑？

生：是作者的心在哭、在笑。就像男生打篮球，那么热的天气，没感觉热，只感觉爽，真爽！

（二）说话

（出示课件）

★妈妈住院一个多星期了，今天终于可以出院。一早，我跟着爸爸去医院接妈妈。已经好多天没见到妈妈了，我真恨不得飞到医院。一路上……

师：假如一路上看到的是月季花，会是怎样的月季花？

生：盛开的、美丽的。

（出示课件）

★一路上，路边花坛里的月季开出鲜艳的花，花瓣上、叶片上都有晶莹闪烁的露珠。有了露珠一夜的滋润，每一朵花都笑得特别有精神、有活力。

（出示课件）

★爸爸病了。我不知道爸爸得了什么病，只是总看见妈妈偷偷掉眼泪，这让我非常担心。星期天，我缠着妈妈一定要去医院看看爸爸，妈妈默默地点了点头。汽车在公路上飞驰……

师：这个时候看到的也是月季花，会是怎样的月季花？

生：作者的心情不好，应该是没有生气、没有活力的。

（出示课件）

★汽车在公路上飞驰，路边的花坛里种着月季，经过一夜的风霜，它们看上去病恹恹的，几朵绽开花苞的花儿，都耷拉着脑袋，无精打采。车窗里吹进来的风，格外地冷，我不禁打了个寒战。

师：这样的写法就叫——（生齐读：写景即写人）

（三）写话

（出示课件）

★情境一：张明的语文考试只得了66分，回家后，一向严格的妈妈会怎么教训他？还有，和同学约好星期天去钓鱼，他还去不去得成？揣着那份沉重的试卷，张明忐忑不安地走出校门……

师：一个张明得了66分，还有一个张明，倒过来，考了“99”。（众笑）

（出示课件）

★情境二：张明的语文考试得了99分，全班第一！一向重视学习的爸爸妈妈知道后，会怎么褒奖他呢？给他买玩具还是带他吃汉堡包？还有，上次他们答应给他买溜冰鞋，他何不趁热打铁？揣着那份写满希望的试卷，张明喜滋滋地走出校门……

师：这组是66分的张明，那组是99分的张明。66分的张明这组再分成两个小组：一个小组写晴天里66分的张明，一个小组写阴天里66分的张明。99分的张明这组也分成两个小组：一个小组路过姹紫嫣红的公园，一个小组路过臭烘烘的垃圾场、嘈杂的建筑工地。（众笑）

（学生写话，师请两个学生交流）

生1：张明低着头，走出校门，发现烈日当空照，他气极了：可恶的太阳，人家考不好，你却张着嘴，哈哈大笑，看我不揍你！

师：这是用晴天的太阳写自己不爽的心情。

生2：回家路上，原本臭气熏天的垃圾场，似乎有了榴莲的味道，张明有一点飘飘欲仙的感觉。（众笑）

师：大家的笑声是对他最好的肯定。我准备了四段话，你们最想看哪一段？

生：99分，垃圾场。

（出示课件）

★张明喜滋滋地走出校门，三步并作两步，转眼就来到那个讨厌的必经之地——垃圾场。奇怪，此刻的垃圾场，飘出来的臭气似乎有了臭豆腐的“香”味。平时得捂着耳朵快速走过的建筑工地，那打桩声、搅水泥声，此刻居然汇成了一曲气势磅礴的大合奏。张明欢快的心，仿佛要跳出来，和着那大合奏一起欢跳！

师：慢慢地注意，人活在环境中；慢慢地注意，在文中引入环境。不要纯粹地写景，一定要有一个意识（出示课件），念——

生：写景即写人。

师：写好文章要看一看有没有这三个病——

生：“关联”病、“我想”病、“我”病。

师：护士打针，“两快一慢”——进针快、拔针快、推针慢。写文章正好相反，要“两慢一快”——构思慢、写作快、修改慢。写好后，一定要仔仔细细地修改自己的文章。

点评·反思

激赏为先　修改为轴　训练为重

——管建刚作文讲评课观察

谈永康

在学习管建刚老师的作文讲评课后，我由惊讶而赞许而沉思。

第一，激赏为先，管老师的讲评为学生言语可持续发展提供了强大的动力。

作文讲评当以正面指导为主，激赏为先，善于发现、肯定学生习作中的优点与进步，使他们尝到习作的甜头，产生将习作改好的强烈愿望。管老师的讲评课由四个环节组成，其中“欣赏”环节集中展示学生的精彩语句。一般的老师喜欢介绍或朗读学生的优秀习作，由此也能激励一两个学生。管老师的独特做法具有明显的优势：首先是被激赏的学生数量成倍增加，他的这堂课有 10 位以上的学生被大大地表扬了；其次，介绍语句费时不多，但易懂好学，可以激励更多的学生“跳一跳摘桃子”——别人能写这样的句子，我努力一下也可以做到。

管老师对学生的欣赏，表面上是肯定语言的精彩，深层次则是对学生写“真话”的赞许，是对学生言语创新的嘉奖。因为那些语句源自童心、发自真心，也因为它们不拘一格、别有创意，所以学生欣赏时笑声不断。你看，管老师的高超之处就在这里：他把教人习作与教人做人联系起来。课上，他如此意味深长地说：“这些话为什么精彩？他们说的都是真心话，都是心里话。精彩来自真实，来自你内心深处，有你的笑，有你的泪。”

多好！评“文”即评“人”。

第二，修改为轴，管老师的讲评为学生言语可持续发展搭建了进步的台阶。

讲评课有一个灵魂，或曰“轴心”，就是学生要学习修改。

管老师的作文讲评课十分重视培养学生的修改能力。其第三、第四环节“挑刺”与“训练”都着力于此。

仅以“挑刺”环节为例，管老师引导学生在读、想、议中发现了三个共性问题，即“关联”病、“我想”病和“我”病。从整个过程来看，面对同学（或自己）习作中出现的毛病、问题，学生讨论得津津有味，解决得顺顺利利。

可能有人会觉得这个过程意义不大，毕竟说的都是些不引人注意的小问题，关键还是要激发写作兴趣。我不以为然，一是这些小问题关乎学生学习语言的态度，这样做有助于他们养成认真严谨的学习态度；二是要想讲评有效，可能要更多地关注学生的共性语病。滥用关联词与“我想”等情况在很多学生身上都存在，但并未引起足够的重视。

这也启迪了我们：作文讲评课，要“评”也要“讲”。评，主要着眼于学生作文最精彩处和问题最多处。评最精彩处能让学生写作信心大增，能明白什么样的表达才是最精彩的；评问题最多处，能让学生克服此阶段写作的共性问题，避免今后再出现这样典型的“毛病”。讲，应该讲在学生自己靠悟性弄不清楚处，比如关于几种病的总结。这些东西，只有教师讲了，学生才能铭记。

第三，训练为重，管老师的讲评为学生言语可持续发展磨砺了提升的利器。

管老师的作文讲评课最值得欣赏的是出现了有的放矢、对症下药、扎扎实实的训练，也即“寓情于景”这一写法的学习。

通过课例，我们可以看到，这一训练是很有针对性的。本次习作，管老师发现学生作文中有景色描写，但是不能很好地与“情”水乳交融，于是，管老师推出了相关训练。这一训练浓墨重彩，十分舍得花力气。

为了达到比较理想的效果，管老师循循善诱，设计了“例话”“说话”和“写话”这样三个台阶，步步为营，层层深入，环环相扣，引导学生经历了一个由感悟到实践、由说到写的学习过程，考虑周到，思维缜密。其实，管老师很有心，早在课堂伊始，就已经渗透、暗示了这方面的信息；其间，管老师还准备了四个下水文片段供学生参考、借鉴。

总之，这个“训练”环节匠心独具，颇有分量，既有教师的指导，又有学生在教师指导下的实践。教师的“训”与学生的“练”在教学中巧妙结合，师生互动合作，使作文讲评课充满灵气与活力。

“工欲善其事，必先利其器”。习作教学中，这“器”当是作文知识、技能，但不是什么知识、方法都可以成为学生的“利器”——只有处于学生“最近发展区”的知识与方法，也就是“寓情于景”，才是这一阶段学生言语发展的利器。

上好作后讲评课的三件事

管建刚

学生的作文是讲评课的文本依托。讲评课，第一要紧的是认真读学生的作文，带着研究文本的眼光和心态，来研读学生的作文，一边读，你一边要做三件事。

第一，欣赏。

写作很辛苦，它需要热情而真切的赞美。不少作家谈到小时候老师对他的影响，不是老师进行怎样的技能训练，而是老师对他的某次真切的表扬。讲评课要在有限的时间里，大面积欣赏学生的作文，一个比较可行的办法是抓“好句”。写好一句话，写精彩一句话，每个学生努力一下，都做得到。

人人都有可能的欣赏，才是一线教师带班教学最要关注的欣赏。将学生作文中的好句子展示出来，大家一起朗读，朗读句子和作者的名字，小作者听到同学朗读着他的句子和名字，作文带给他的尊严、荣耀、自信，一定会使他对作文产生新的认识和感念。其他同学念着小作者的名字，多少也期盼着下次能念到自己的名字；每一个“期盼”，都在学生心里播下一粒‘我要写出精彩”的种子。

“欣赏”环节还要评，老师要能评到点子上，要评出精彩在哪里，让学生知道，这不是教师的廉价表扬，它有实实在在的“好”的依据。同时，这样做也能使小作者模糊的、无意中“撞”到好句子的现象，成为今后有意识的写作行为。老师要有敏锐地发现好句子的眼光，老师的眼光将成为学生写作的追求方向；老师还要有比较全面的写作知识，没有写作知识，只知道写得好，却说不出个所以然，那也不行。

第二，挑刺。

讲评课，不能光说好话，也要能真切地指出问题。老师要梳理学生写作中出现的共性问题。研读学生作文，老师要有一个“整体”观，即所有学生的作文是一个“整体”，在这个“整体”中，老师要注意梳理出现的共性问题有哪些。

挑刺，一般着力于“句病”，有时也抓“段病”。“句病”，不是语法意义上的“病句”，而是写作意义上的语言的准确、顺畅、干净、利索。学生经常出现的作文病有“的”病、“我”病、“长着”

病、“心想”病、“关联”病、“开头”病、“记得有一次”病、“然后”病、“于是”病、“再”病、“就”病等。

这些病，以“病例集中”的方式出示，给学生带来视觉和思想上的冲击，这就是集体授课制下的教学优势。挑刺，一要有经验，二要有耐心，耐心地研读学生的作文，只有认真、细致地读学生的作文，才能将学生作文中的“病脉”准确地“号”出来。

一次习作中，病不会只有两三种，会有六种、八种、十种……老师要选，每次讲一两种典型病，多了，学生也顾不过来。一个老年病人，大大小小的毛病一大堆，不能什么病都一起治，要先治大病，再治小病；你得把他当前最重的“急性哮喘”给治了，再调理其他小病。同理，不要期望一节课把学生作文中所有的毛病都治好，也不要期望一次就能治好。每节课主治一两种病，复诊旧病，十节课、一学期、一学年、两学年，时间长了，学生的语言就会准确、顺畅、干净、利索。

以我的经验来看，有一些病是“全国通病”，如“关联”病、“然后”病；有一些是“地方病”，由地区的口语表达习惯引发的。治“地方病”，谁都无法教你，一切得靠你自己。

第三，训练。

讲评课，不只要讲、评，还要练。练，就是将作前指导的活儿，移到作后讲评中来。讲评课的练，主要来自两处：

其一，从学生写得好的地方延伸。如，某学生的场面描写得好，大家一起来学一学，练一练。训练点如果是从课文、优秀作文选中引出的例子，学生会有畏难感；从同伴作文中来，学生觉得自己“跳一跳”，也能“摘到果子”。其二，从学生写得不好的地方延伸。如，好几个学生缺少心理描写，老师创设一个场景，大家一起练一练、学一学、写一写心理活动。老师教的是学生需要的，他们有心理认同，不排斥，效果自然不会错。

讲评课，从学生写得不好的地方引出的练，如同“同一作品的未定稿”。注意，对于学生来讲，那“不好的地方”，就是他的“未定稿”的作品。能够改好的学生，有一种胜利的喜悦；失败的学生，其失败也很宝贵，经过失败才真正懂得成功。

讲评课的练，不追求所谓的“大容量”，要“小步走”。每堂课能够走一小步，一课有一课的小进步，一学期就有大进步，一学年就有了不起的进步。要把握好讲评课的练，老师要有一个写作训练系统；不具备写作训练系统，在看到学生的作文时马上链接到一个写作训练点，那也枉然。老师要装满一肚子的训练招数，学生作文出了什么问题，老师立马迎上去出招化解。

案例 2

欣赏　挑刺　指导

——《我的同桌》作文讲评实录

管建刚

一、欣赏：亲切感、现代感、真实感、节奏感、新鲜感

1. 亲切感、现代感

（出示课件）

> ★谁知一翻书，傻了眼了，里面的词语他一个也不认识。我刚准备告诉他，却被他的眼神“封杀”了。嘿，还挺倔！——郑浩天

师：我喜欢“嘿”字，很亲切。

（出示课件）

★我转过头去一看，哎呀妈呀，他在那儿摆造型，摆的还是赵本山的“非常 6+7”。——任涛

（众笑）

师：我喜欢“哎呀妈呀”，多亲切。这样的写作，让读的人有亲切感。再读。

（生读）

师：你写不下去，来个“哎呀妈呀”，或许感觉就来了，真的。任涛，“非常 6+7”是怎样的造型？

（任涛摆造型，众笑）

师：这句话有时代气息，上一句中的“封杀”，也充满了现代感。你的用词、造句，要有现代感。与时俱进，才是硬道理。

2. 真实感

（出示课件）

★我的同桌在班级里，那叫一个出名。他那暴躁的脾气，再给他五六年的时间，也不一定能改得了。——郭紫琪

师：郭紫琪，你这么说，怕不怕你暴躁的同桌报复你？

生：怕。

师：可你还是写了。——写作需要勇敢。勇敢的人，才敢于把内心的话说出来。鲁迅冒着被国民党反动派暗杀的危险，依然说真话。（问郭紫琪的同桌）你会报复吗？

生：不会。

师：你要“会”，不成了国民党反动派了吗？（众笑）

（出示课件）

★别看任涛戴着一副300度的近视眼镜，那可不是看书看出来的，而是玩电脑玩出来的。——张于天

师：张于天，你不怕任涛报复你吗？

生：有点。

师：你写文章说我，我写文章说你，这样的事，在我们班经常发生。“君子动口不动手”，任涛一定是个君子。

（出示课件）

★见了我们男生，她便又换了另一副模样，只要稍有不慎，你就会掉进她的陷阱里。她朝你吹胡子瞪眼，乱掐一通，活像古语里说的“母夜叉”。——闫平

师：闫平，公布了你的话，怕不怕？

生：怕。

师：怕，你为什么还写？

生：我是写在日记里的。

师：哦，没想到会被人抖出来。（众笑）写作，就是要发表，要公开的，要更多的人听到你的声音；不发表，你只是写作业，而不是写作。

3. 节奏感

（出示课件）

★同学有困难，帮！同学有难题，帮！——石瑜

（出示课件）

★一会儿好，一会儿坏，一会儿野蛮，一会儿温柔，她真让人难以搞懂。——王玉钰

师：这句话读起来很有节奏感。节奏感是可以练的。

（出示课件）

★我们一下课就玩在一块儿，上课学在一块儿。

师：你能添或删一些字，使它的节奏感明显起来吗？

生1：我们一下课就玩在一块儿，一上课就学在一块儿。

生2：我们下课就玩在一块儿，上课就学在一块儿。

师：还可以这么改——我们下课玩在一块儿，上课学在一块儿。意思还是那意思，节奏感强了。写作，不只要把意思写出来，还要写得有美感。节奏感，美感之一。

4. 新鲜感

（出示课件）

★他长得很瘦，远看好像一张纸，一阵风就能把他吹起来似的。

师：我一看到这句话，眼睛都直了，新鲜！我从没看到过这样写一个人瘦的。有个同学写“他很淘气”，怎么说会让人觉得很新鲜？

生：他淘气得跟猴似的。

师：我就怕你这么说。（众笑）你看——

（出示课件）

★这也不算什么，淘气才是他的专利呢！——罗仁杰

（生惊叹）

（出示课件）

★我把她的中性笔“大卸八块”，把笔芯留下，其余的装好，又偷偷地放回她的课桌上，脸上露出（　　）。——田佳成

生1：露出得意的笑容。

生2：露出一丝狡猾的笑。

师：近了，原句是——（出示课件）“得意的奸笑”。——这个短语，真好。一个字、一个词、一个短语，用得好，就能给人新鲜感。我讨厌写人的脸红扑扑的，像“红彤彤的苹果”；我讨厌写心里很开心，像“吃了蜜一样甜”。（众笑）这都没有新鲜感。放了三个月的苹果，都发霉了。

二、挑刺：“大眼”病、“大全”病、“大话”病

师：新房子，拿到了钥匙，能不能去住？

生：不能，还没有装修。

师：至少你要去开通水、电、煤气吧，至少要安个马桶、买张床吧。（众笑）——刚写好的作文，就像刚拿到钥匙的房子，不能马上交，要“装修”，即修改。你们改过吗？

生：改过。

师：怎么改的？

生：我们相互读一读，看通不通、有没有错字。

师：你们的做法，没错，却不够。今天，我教你们几招。

1.“大眼”病

（1）“炯炯有神的大眼睛”

师：这次作文写人，自然会写到人的外貌。请看——

（出示课件）

> ★他有一张可爱的脸、短短的头发、一双炯炯有神的眼睛。
>
> ★他的个子高高的，脸上两条弯弯的眉毛如月牙一般，炯炯有神的大眼睛上，有着长长的眼睫毛。

★她有一头乌黑的秀发，长长的刘海遮住了她的眉毛，刘海下是一双炯炯有神的大眼睛、高高的鼻梁，还有一个樱桃小嘴。

生：都是“炯炯有神的大眼睛”。

师：对，这就是传说中的“炯炯有神的大眼睛”。（众笑）

（2）“水汪汪的大眼睛”

（出示课件）

★方方的脸上“绣”着一双黑色的粗眉毛，长着一双水汪汪的大眼睛……

★长长的刘海衬托着他瘦小的脸；水汪汪的大眼睛一眨一眨的；眉毛不长不短，招人喜爱；圆圆的鼻孔特别光滑……

师：不写“炯炯有神的大眼睛”，就写“水汪汪的大眼睛”。不写“水汪汪的大眼睛”，就写——

（3）“水灵灵的大眼睛”

（出示课件）

★他有一个圆溜溜的大脑袋，一双水灵灵的眼睛嵌在上面，显得炯炯有神；一头乌黑的头发，把他装扮得“天衣无缝”。

★她有一双水灵灵的大眼睛、高高的鼻梁，最喜欢穿紫色的衣服。

★他常常理一头短发，水灵灵的大眼睛上，还有两条浓浓的大眉毛。

（众笑）

师：（板书：大眼）蓦然回首，大眼帅哥、美女无数。（众笑）

这是一种病，外貌描写的病——“大眼”病。

（生齐读）

2.“大全”病

（出示课件）

★他常常理一头短发，水灵灵的大眼睛上，还有两条浓浓的大眉毛。鼻子紧紧地长在圆圆的脸上，耳朵较小，长在两旁，一张会说会笑的大嘴巴，长在圆圆的下巴上。

师：（边念边评）“鼻子紧紧地长在圆圆的脸上”，谁的鼻子不是“紧紧地长在脸上”的？（众笑）“耳朵较小，长在两旁”，谁的耳朵不是长在两旁的？（众笑）“一张会说会笑的大嘴巴”，你们的嘴巴会说会笑吗？（生：会）“长在圆圆的下巴上”，麻烦了，长到下巴上去了。（众大笑）我知道他为什么要这样写。他以为，写人一定要写外貌，写外貌一定要从头发写到下巴。不是的。你们看张洲的——

（出示课件）

★他最有趣的地方就是那“三毛”。他前额的头发虽然不是三根毛，但他的发型的的确确像三毛。我们每次见到他，都会随口叫一声：“三毛！”

师：张洲，你就写他的三根毛，其他都不写，这叫抓住特点写人。再看葛馨娴的——

（出示课件）

★他的大板牙很有意思，一颗挺整齐，另一颗往里歪，就像两扇大门，一扇门没开，另一扇门开了一半。

师：只要写两颗牙齿，其他不需要写。写人的外貌，不要什么都写。有一个同学写人，从头发写到下巴，还嫌不够，连穿的鞋是38码都写了。（众笑）

（出示课件）

★红红的小嘴唇，像是涂过口红一样嫩。不瞒你说，怪不得他的名字后面有一个“润”字，他呀，就是“润”：脸蛋是红润的，肚子也是红润的。——张剑

师：真好，扣住名字中的“润”来写，这就叫写作有灵气。——有个小问题，张剑，你怎么知道他的肚子也是红润的呢？（众笑）

生：洗澡的时候看见了。

师：嗯，没关系，这是小问题。大问题在这里——

（出示课件）

★长长的刘海衬托着他瘦小的脸；水汪汪的大眼睛一眨一眨的；眉毛不长不短，招人喜爱；圆圆的鼻孔特别光滑……

师：张剑，你写一个“红润”，我给你120分；可这段话让你一下子跌为60分。（删除“长长的刘海……特别光滑”）写外貌一定不要求全，什么都写。

（师板书：“大全”病。生齐读）

师：像我，没什么特点，你就不要写。写人，不一定要有外貌描写。

（生齐读板书）

师：现在知道怎么去修改了吗？

生：知道了。

3.“大话”病

师：这次写同桌，不少同学写了同桌的好品质，于是他们说——

（出示课件）

★他的自主学习是多么值得我们学习啊，我为有一个这样上进的同桌深感庆幸。

★她的学习品质值得我们学习。

★他是一位乐于助人、积极向上的同学。

★她爱学习的精神也令人敬佩！

★总之，他的优点是值得我们学习的。

★他这种专心致志的学习品质，真叫人佩服。

★她热爱班级、认真学习的精神使我非常敬佩。

★有一次，我在你前面，体育委员喊“立定”，你还在想，一下子撞到了我。你的这种精神让我佩服。

师：你喜欢这样的话吗？

生：我怕字数不够，就这么写的。

师：这么来的啊。这样叫套话、大话、空话。（板书：“大话”病）

（出示课件）

★他快速地把英语作业写完，又抓起数学作业，头也不抬，一页、两页……稳如泰山，边写边说：“快乐，快乐……”两滴汗珠挂在脸上。他这种专心致志的学习品质，真叫人佩服。笔一落，终于写完了，他整整写了一节课。

（出示后，当着学生的面，删除‘他这种专心致志的学习品质，真叫人佩服。”）

师：刚才，一个同学说，怕字数不够。字数不是这么来的，字数是从细节来的。请看韩笑的片段，韩笑，请你朗读。

（出示课件）

★写到一半，字写错了，我着急地拉开笔袋，没有找到。我又把上衣的口袋翻了一遍，还是没有。我的头顶慢慢地冒出一粒粒汗珠。情急之下，我看到了罗仁杰的胶带。前几个同桌都允许我用的，想到这里，我毫不犹豫地拿起了他的胶带，刚要用，只见一只手“拦路杀出”，强有力地抓住了我的手。“你要干什么？”罗仁杰的声音里带着愤怒。“我，我想用一下你的胶带。”钳子似的手终于慢慢松开了。

师：注意写“手”的细节。

（出示课件）

★我拿起胶带，粘完了，随手一放，刚准备继续我的“文思泉涌”，没想到，肩膀又被重重地拍了一下。我一边揉着肩膀，一边没好气地转过身：“干啥呀？”他的眼中冒出两团火，不说话，只是盯着我。我都被他盯得发毛了，小心翼翼地问道：“怎么回事？”罗仁杰从牙缝里挤出两个字：“胶带。”我这才明白，把他的胶带放回了笔袋。

师：要注意“眼神”“牙缝”，想要字数够，要从细节里去找，而不是写空话、大话。

三、指导：写作，不做“自相矛盾的楚国人”

师：造我们这座大楼前，要做什么事？

生：要设计图纸。

师：对。没有图纸，工人造到哪里算哪里，你敢在这里上课吗？我可不敢。没有设计的楼，很可能是危楼。写作文前，也要设计，没有设计的作文，写出来是“危文”。

1. 欣赏

师：（连续出示三句“……这就是我的同桌”）知道我为什么这么出示吗？刘琰锴的这三句话，都在每一段话的最后，由此我看出，他的作文是有设计、有规划的。

师：（出示“镜头”一和“镜头”二）武隽如，你为什么要这么写？

生：我写之前，想了该怎么写，以前看到一篇文章用“镜头”的写法，我有两件事，就用两个“镜头”吧。

师：写之前，设计一下，这就是构思。（板书：自相矛盾）谁知道这个故事？

（生讲“自相矛盾”的故事）

师：写之前，不设计、不构思，你可能就是那个“自相矛盾的楚国人”。

2. 病例

（出示课件）

★总起：她最大的特点就是严于律己。

总结：这就是我的同桌，一个学习好的同桌，我喜欢我的同桌。

生：总起句说写“严于律己”，总结句却说“学习好”，自相矛盾了。

师：用你的总起句戳你的总结句，会怎样？（众笑）我们是××小学的，作文有了这毛病，那我们不就成了“自相矛盾的××人”？（众笑）张渝敏就处理得很好——

（出示课件）

> ★我有一个脾气“古怪”的同桌，有时他热心得像天使，有时却可恨得不可理喻！
>
> ★我的同桌，一个热心而又可恨的人。哎呀，那不就是白旭宸嘛，都是老同学了。

师：我从张渝敏的总起和总结里，看出她是思前想后、瞻前顾后的，这就是构思。——前面那个同学的自相矛盾，怎么办？

生：如果写“严于律己”，就不要总结；如果写“学习好”，就去掉总起。

师：这是个办法。可是，你知道吗？光有总起或总结，也会“自相矛盾”，你看——

（出示课件）

> ★总结：我的同桌，是个很善良的人。
>
> ①同学生病，她第一个去帮忙。②同学嘲笑我，她鼓励我。③我的胳膊受伤了，她带我去医务室。④她有时丢三落四。⑤她有时看书低着头。

生：第四和第五点，不是写“善良”的，矛盾了。

师：那个同学，写之前没有这么想一想啊。再看——

（出示课件）

> ★总结：我的同桌，在我的记忆里，总是那么三心二意。
>
> ①不服输。②不卫生。③写作业三心二意。④爱打篮球。⑤自言自语。⑥字迹潦草。

生1：只有第三点和总结句是吻合的。

生 2：第六点也可以，三心二意导致字迹潦草。

师：早上，妈妈去买了鱼、肉、黄瓜、芹菜、鸡蛋、白菜，中午做菜，是不是把这些菜放在一起煮一下完事？

生：不是的，要分几个菜来做。

师：对啊。那个同学的确是爱打篮球，的确是不服输，可是，要另外再炒一盆“菜”，再写一篇文来体现。一个人有多个特点，有好的一面，也有不好的一面；有勇敢的一面，也有懦弱的一面；有整洁的一面，也有邋遢的一面。你不要指望用一篇作文把人的所有特点都写进去。一篇文章，写一两个就够了。

（生读板书：写作，不做“自相矛盾的楚国人”）

（生读板书：“大眼”病、“大全”病、“大话”病）

师：现在知道怎么改作文了吗？

生：知道。

师：光读，是不够的。回去，一定要改，好好改。改比写更重要：作文是写出来的，写作文的能力是改出来的。请跟我一起念这句话。

生：作文是写出来的，写作文的能力是改出来的。

点评·反思

锲而不舍，自有清泉

钱正权

教师对学生进行作前指导不易，讲评或评改则更难。讲评或评改习作是这个系统工程中的中间环节，起承上启下作用。这一环节如果抓得实、抓得活，整个系统工程就灵动了，所以它至关重要。

大凡有经验的语文教师，都十分重视对学生习作的讲评。讲评是最具体、最鲜活、最有质感、最妙趣横生，因而也最受学生喜爱、最有实效的习作指导。在学生习作旅途中，它是方向标，迷津须指点，疑虑要消释；它是加油站，激情须振奋，意志要砥砺；它是习作者的沙龙，奇文共欣赏，疑义相与析，互相交流、碰撞，激荡思维的涟漪……

这些要求或者说期许，这堂《我的同桌》作文讲评课做到了。管老师安排了三个教学环节。首先是讲评学生人物描写出彩的一些句子，以“亲切感、现代感、真实感、节奏感、新鲜感”为标题，让大家共同欣赏。儿童习作贵在真实，贵在童真，用笔抒写自己的心声。如“谁知一翻书，傻了眼了，里面的词语他一个也不认识。我刚准备告诉他，却被他的眼神‘封杀’了。嘿，还挺倔！”“别看任涛戴着一副300度的近视眼镜，那可不是看书看出来的，而是玩电脑玩出来的。”“他长得很瘦，远看好像一张纸，一阵风就能把他吹起来似的。”这些话是孩子们特有的、从心泉中流淌出来的。其次是“挑刺”，从反面指出学生常犯的几种病：缺乏新意的是人云亦云的套话，缺乏具体内容的是大话、空话，等等。管老师称之为“大眼”病、“大全”病和“大话”病，指导和鼓励学生要运用创造性的、个性化的语言。最后是指导学生在讲评后再次习作。所谓不做“自相矛盾的楚国人”，实际是指叙述要围绕中心，文意要一脉相承，前后呼应。

管老师的习作讲评自有别开生面的地方。宋代诗人杜耒《寒夜》中有诗句：“寻常一样窗前月，才有梅花便不同。”这梅花有什么效果？梅花给人以与众不同的美的形象冲击。教师巧妙地卸下了作文讲评者的那个刻板面具，幽默风趣地采用几近调侃、戏谑的话语。

这使得原本并无生趣的习作讲评，寓庄于谐而变得“暗香浮动”、引人入胜，不时激起学生阵阵笑声。

管老师多年来对作文教学的探索和耕耘，已独树一帜、硕果累累。他的许多理念与经验宛如空谷足音。他的成功给人这样的启发：你只要锲而不舍地挖掘，清泉自然会涌流；成功就是把简单而平凡的事情，专心致志地做下去，做得不简单、不平凡！

3

钱 守 旺

三次转身的专业成长之路

钱守旺，北京市朝阳区教育科学研究院小学教研部主任，正高级教师，北京市数学特级教师，北师大版小学数学教材分册主编，教育部“国培计划”（中小学教师国家级培训计划）专家，全国优秀教师，国家级骨干教师，“动感课堂”的倡导者和实践者，全国自主教育联盟副理事长，北京市教育学会小学数学教学研究会学术委员，北京市教育学会课程发展专业委员会副秘书长，有个人专著 4 本，主编与合编教学指导用书 40 多本，主编学生用书近百本，被老师们亲切地称为“有水平、没架子的特级教师”。

名师故事

三次转身——钱守旺的专业成长之路

雷　玲

他，25 岁时以省教学比赛第一名的成绩代表河北省参加首届全国小学数学教学大赛，31 岁时被评为河北省最年轻的数学特级教师。

他，2005 年 8 月作为人才被引进到中国人民大学附属小学担任副校长。

他，2015 年 2 月作为高端人才被调入北京市朝阳区教育科学研究院，现在是小学教研部主任。

三次转身，37 年的不懈努力，37 年的一线实践，37 年的行业深耕，让他从一名普通的小学数学教师成长为在全国有影响力的数学特级教师、正高级教师。

37 年来，他始终带着一种学习的心态，一种研究的心态，不断追逐自己的教育梦想。正像著名特级教师于漪老师说的那样：“一辈子做教师，一辈子学做教师。”

第一次转身：把别人的智慧借过来，站在巨人的肩上。

在钱守旺看来，作为教师，他必须建立自己的专业自信，这种自信来源于他的教育背景、教学经验和持续学习的努力，也就是要读懂课标、读懂教材、读懂学生、读懂课堂、读懂他人、读懂自己、读懂 AI（人工智能），从而在借用别人智慧的过程中，得到灵感和启发，使自己得到提升。

1985 年，他刚参加工作时，每次出差到外地开会，首先要找的不是商场，而是书店。一次他出差到北京，为了购买相关理论图书，他主动放弃了大会组织的参观游览机会，钻进某出版社读者服务部、教育书店和图书大厦里“觅宝”。

2000 年，在湖北武汉参加第二期中小学骨干教师国家级培训期间，作为班长的他，自购教育理论图书近百本。

基于对成长的渴望和不懈努力，钱守旺 25 岁以省教学比赛第一名的成绩代表河北省参加首届全国小学数学教学大赛，31 岁时被评为河北省最年轻的数学特级教师。

第二次转身：把成功的经验传出去，让更多老师在“高速路”上奔跑。

自 2001 年课程改革以来，钱守旺在全国各地先后做过各种报告：《新课程背景下教师应树立的六种意识》《构建有效的数学课堂》《聚焦核心素养，打造动感课堂》《聚焦核心素养，培养有灵气的学生》《把握课程改革方向，培养高素质人才》等。基于对专业的深研，钱守旺快速成长，在业内成为著名小学数学特级教师。

2005 年 8 月，他作为人才被引进到中国人民大学附属小学担任副校长。

作为副校长，钱守旺思考得更多的是：怎样通过学校平台构筑教师专业成长的“快车道”？他和校领导班子一起，探索出让工作成为一种愉快的带薪学习、让研究成为一种自觉的工作状态、让课堂成为教师专业成长的大舞台等切实可行的助力教师专业成长的路径。

从优秀教师到分管教学的副校长，钱守旺对教育有很深的理解。在他看来：只有幸福的教师才能造就幸福的学生，先有快乐的教师后有快乐的学生。没有高质量的教育生活，就没有良好的教育幸福指数。教育的幸福即人的幸福，当学生感到幸福的时候，教师才能真正感到幸福；当学生不能感受到学习生活的幸福时，教师收获的只能是教育的烦恼；当学生感到幸福的时候，教师的幸福将是几十个学生的幸福总和，一辈子书教下来，一辈子有那么多学生的幸福叠加，那种教育的幸福，将随着教师职业生命的延长而更加灿烂辉煌。

所以，在中国人民大学附属小学的十年，他一直致力于帮助老师们在专业成长的“高速路”上不断追逐职业生命的成长幸福。

第三次转身：把看得懂的东西做出来，把研究的成果写出来。

人生就像一场不断升级的游戏，每一次的升级都必须经过艰辛的苦练和学习才能够实现。

在教育这个行业，钱守旺一直在朝着更优秀的方向努力，不断学习和成长着。

2015 年 2 月，他作为高端人才被调入北京市朝阳区教育科学研究院课程部。

他深知，对多数教师而言，当教师是一辈子的事。一辈子干一件事，需要绝对的耐心和勇气；在研究状态下工作，就能够获得工作的乐趣，消除职业的倦怠感，找到成功的感觉。他的角色也快速转变，从研究教学，到研究课程，他又一次拓宽了自己的研究领域。他提出课程部要扮演好六种角色："导航仪""播种机""助推器""孵化园""收割机""中转站"。他带领课程部这支年轻的高学历团队扎实开展课程研究，组织了多场课程领导力培训，开展系列课程展示活动，研究课程整合、大单元教学、项目学习、跨学科主题学习、课程思政等热点和难点问题。

他首创的"'对话·分享'式动感课堂"（以下简称动感课堂），是从长期教学实践中生长出来的教学智慧。在带着老师们研究的过程中，他提出了"打造动感课堂的24个策略""动感课堂十句导航语""好课六字诀"等具有实操性的学与教的策略，所编写的专著《打造动感课堂的66个细节》，被老师们称为"一线教师最快上手的实战经验"。他提出的八大课程领导力——课程理解力、课程设计力、课程执行力、课程评价力、资源整合力、课程迭代力、英才加工力、文本表达力，让老师们能够站在课程的高度理解新课程，践行新课程。

如今，他在多个自媒体平台上面开设的专栏，也成为许多学校开展校本教研的重要素材。

教育的魅力，应从创造中去寻找。钱守旺的三次转身展示了他对教育事业的执着追求和不断进取的精神。

对话

问：对您影响最大的一本书是什么？为什么？

答：对我影响最大的一本书是《周鸿祎自述：我的互联网方法论》，这本书上市1个多月，就连续印刷了15次，销量突破30万册，刷新了社科类图书市场纪录。这本书改变了我的思维方式和做事方式，让我积极拥抱互联网，让我的工作方式进入一个新赛道。书里将互联网方法论归纳为四点：用户至上、体验为王、免费模式、颠覆式创新。"互联网思维是一种全新的价值观。”周鸿祎在接受《中国青年报》记者专访时说，“在当今时代，互联网是颠覆一切的力量。或许有一天360也会被颠覆，但是希望有人曾经受过我这本书的启发。”

问：对您影响最大的教育大家是谁？您最欣赏或景仰他什么？

答：对我影响最大的教育大家是李希贵。一位好校长成就一所好学校。在数十年的校长生涯中，李希贵一直进行着“重新定义学校”的教育改革。李校长的一系列著作和文章，改变了我的教育观念和管理理念，让我知道了什么是理想的学校教育，什么是理想的学校课程，什么是理想的学校管理，什么是理想的家庭教育。

问：对您启发最大的两句教育名言是什么？

答：①苏霍姆林斯基说：“一个无任何个性特色的教师，培养的学生也不会有任何个性特色。”②陶行知说：“好的先生不是教书，不是教学生，乃是教学生学。”

问：您教学观中的关键点有哪几点？

答：“动感课堂”是我的个人研究品牌。动感课堂是以学生高品质学习为价值追求，以情境、学材、问题链为抓手，以课堂“五动”（手动、口动、脑动、心动、情动）为学习引擎，以学生思维深度参与和知识深度理解为目标的一种理想的课堂形态。我提出教师行动十字方针：沉默、示弱、等待、放手、评价。

问：您心目中理想的数学教师是什么样的？

答：热爱数学，喜欢孩子，性格开朗，专业扎实，理念先进，工作认真，勇于创新，打造多感官参与、高思维含量、强情感投入、富有活力的动感课堂，让学生成为高段位的学习者。

问：您上过的最满意的两堂数学课是什么？简要总结其特点。

答：我1985年毕业参加工作后，上过数百节数学公开课，最满意的是近两年上的《2035年我几岁——年、月、日》《垃圾分类中的数学——条形统计图》，这两节课理念先进，素材丰富，设计新颖，学生参与度高、获得感强。两节课都是站在立德树人的高度对教材进行二度开发，让课程整合和跨学科理念真实落地。

问：您写过的最满意的两篇数学教学论文是什么？

答：2016年在《湖北教育》第1—12期连载的动感课堂研究成果《找寻儿童数学，打造动感课堂》；2023年发表在《上海课程教学研究》第10期的《促进学生全面发展的区域课后服务课程建设研究》（与他人合作）。

问：您通常怎样战胜挫折和困难？

答：①保持积极的心态：我相信积极的思维方式对于战胜挫折和困难非常重要。②寻求支持与反馈：我会积极寻求同事和领导的帮助与指导，与同事分享并倾听他们的经验也是很重要的。③分析问题并制订解决方案：当面临挫折和困难时，我会深入分析问题的根源和原因，并寻求切实可行的解决方案。我会尝试不同的方法，逐步调整和改进直到问题解决。④提升自己的专业能力：我认识到挫折和困难往往是自身能力的不足所致。因此，我会不断学习和提升自己的专业能力，从而更好地应对挑战。⑤坚持和自我激励：面对困难和挫折时，我会告诉自己坚持下去非常重要。我会设定短期和长期目标，并制订具体的计划来实现它们。

问：您取得优秀成果的主要经验和体会是什么？

答：把别人的智慧借过来，把看懂的东西做出来，把困惑的问题摆出来，把研究的成果写出来，把成功的经验传出去。

问：请评价一下您自己的性格特点。

答：我认可课程部的几位博士对我的评价：工作中具有亲和力，管理上具有大智慧，工作中用心、用情、用智；用研究的心态做工作，用课程思维提质量。

问：您的业余爱好是什么？

答：阅读、公益和旅游。通过阅读开阔眼界，跟上时代前进的步伐，让自己始终能够站在教学改革的最前沿；通过积极参加公益活动，体现自己的人生价值，传播自己的教育理念，培育更多的优秀教师；通过旅游，放松身心，深度思考，恢复体能，让自己能够精力充沛，高效工作。

问：您的人生格言是什么？

答：把工作当成一种愉快的带薪学习，在努力工作中静悄悄地提升自己。

问：您认为好老师应该是什么样的？

答：个人素质好，教学水平高，工作有激情，平时善思考，团队能合作，教学有特色，研究有深度，幸福指数高，学生很喜欢，家长很满意。能够开发丰富多彩的校本课程，打造具有安全感、归属感、新鲜感、卷入感、成就感的高品质课堂。

问：您最喜欢什么样的学生？

答：身心健康、品德高尚、心态阳光、热爱学习、尊敬师长、团结同学、思维活跃、勇于创新。学会精准提问，学会大胆表达，学会认真倾听，学会主动追问，学会有效合作，学会相互欣赏。

教学智慧

我的好课“五字诀”

钱守旺

课堂，是一个平常、普通而又神秘的地方，是一个赋予没有生命的知识以生命活力，给予不太成熟的孩子以成熟魅力，让孩子动起来、知识活起来、生命放光彩的场所。对于中小学生来说，他们的生命质量是由每一天、每一节课组成的；每一天是否开心快乐，每一节课能否获得成功的体验，对他们来讲显得非常重要。

真正优秀的教师，不仅能让学生轻松地学好知识，而且能让自己轻松起来。20 多年来，我一直行走在教育的理想与现实之间，一直在求索，一直在努力。究竟什么样的课堂才是符合新课标的课堂，才能算是一堂好课呢？对此，可以说是仁者见仁，智者见智。结合自己多年的教学实践以及对新课程的理解，我心目中理想的课堂应该具备以下特点。

一、新

新，就是不步人后尘，不因循守旧，不照搬别人的教案，努力把课讲出新意来，在某些方面有所突破。具体来讲，新主要体现在以下几个方面。

1. 教学理念新

教学并不仅仅是一个技术和手段问题，还是一个理念问题。很多时候理念改变了，教学自然会有创意。

20 世纪 80 年代以来，我国开展了形式多样的教育教学改革。在改革过程中，人们逐渐认识到，教育的发展，教育教学改革的深化，更新教育教学观念是先导，是关键。

教师的教学观念改变了，思维方式就会发生变化，从而会想到很多解决教学问题的具体办法；如果观念没有更新，思维方式没有改变，即使教给教师很多具体方法、技巧，可能他们也用不好，也肯定感到不够用。

例如数学。教师的数学信念主要表达的是教师对“数学是什么？”（数学的本质）、“数学该怎么教？”（数学的教）、“如何学习数学？”（数学的学）的看法。这种数学信念在教师知识和教师行为之间起着调节作用，它往往和教师知识一起共同影响着教师的教学。

在新课程背景下，教师应树立新的教师观、新的学生观、新的知识观、新的人才观、新的评价观和新的质量观。

2. 教学思路新

人不仅需要在知识学习上走得快，更需要在人生道路上走得远。让人“走得远”的教学不是把传授系统知识视为教学的本质，而是创造条件，让人在知识探究中产生自己的思想、体验和理解。教学设计是一项富有创造性和改革思想的实践活动，有了成功的教学设计，优化的教学效果才有保证。

同样的教材，同样的学生，同样的 40 分钟，同样的教师，由于教学设计思路不同，课堂教学效果也大不相同。

通过长期的教学实践，我深深地体会到，只有根据学生的年龄特点和认知发展水平，努力改变教学内容的呈现方式和学生的学习方式，才能把适合教师讲解的内容尽可能地变成适合学生探讨研究问题的素材。要尽可能地给学生多一点思考的时间，多一点活动的余地，多一点表现自己的机会，多一点体验成功的愉悦，让学生自始至终参与知识形成的全过程，使学生成为学习的主人；让学生“动”起来，让课堂“活”起来，这样才能促使学生逐步从“学会”

到“会学”，最后达到“好学”的境界。

3. 教学手段新

近年来，多媒体计算机进入课堂，运用多媒体计算机辅助教学，能较好地处理大与小、远与近、动与静、快与慢、局部与整体的关系，能吸引学生的注意力，使其形成鲜明的印象，启迪他们的思维，扩大信息量，提高教学效率。可以说，现代教学技术和手段的推广使用为教学方法的改革发展开辟了广阔的天地。因此，教师在课堂教学中要根据儿童的思维特点，发挥多媒体课件动态感知的优势，创设他们喜闻乐见的教学情境。

4. 评价形式新

在课堂中，评价是不可或缺的一环，合理地进行评价可以有效地激发学生学习的积极性、主动性，发挥学生的主体性并有效促进教学。评价，一方面要做出价值判断，另一方面要有激励、引导作用。每个人都渴望被肯定，学生也是。教师在课堂教学中，艺术性地给予学生一些肯定和鼓励，才能使学生有被认可的满足感与成就感。

好的教学评价应该有两个指标：一是评在“情真”上，让学生凭自己的实力获得教师的好评；二是评在“意切”上，让学生借教师的好评获得知识的实惠。如果换成一句话，那就是好的教学评价应恰到好处。

二、趣

趣，就是激发学生的学习兴趣。学习兴趣是学习积极性中最活跃的成分，它是渴望获得知识而参与的意向活动。这种意向使得学生感知清晰、思维活跃、情绪稳定，有利于学习的成功，而成功的快感又会进一步激发新的学习兴趣，使学习进入良性循环的轨道，学生就会持续地专心致志地钻研它，从而提高学习效果。

1. 导入新课时引发学习兴趣

导入新课是一节课的重要环节，俗话说："良好的开端是成功的一半。"教学的导入就好比提琴家上弦、歌唱家定调，第一个音定准了，就为整个演奏或歌唱奠定了基础。好的导入能集中学生的注意力，引起学生的认知冲突，打破学生的心理平衡，使学生很快进入学习状态。

新课导入环节是新课教学的先导，设计巧妙的新课导入，能够有效地为新课组织教学，把学生的注意力集中到新课的学习上来，能够恰到好处地为新课创设环境，激发起学生的学习兴趣，为整堂课的开展打下良好的基础。

教师可通过实物（模型）或图片展示、故事演讲、猜谜语、表演、多媒体等多种手段创设情景，使教材内容生活化、数学知识趣味化、静态知识动态化，生动活泼地呈现数学内容，充分以境激情，以情激趣。

2. 讲授新课时保持学习兴趣

课堂 40 分钟应该是学生思考、分享和互动的 40 分钟。学生彼此间的交流和互动，会让课堂变得富有生机、富有活力、富有动感，会让学生产生更多个性化的理解与表达。

学习本身就是一项艰苦的脑力劳动。在学习过程中，既需要学生的自身努力，也需要对学习过程产生兴趣，即变"苦学"为"乐学"，变"要我学"为"我要学"。为了保持学生的学习兴趣，我的做法如下：

（1）重视运用教具、学具和电化教学手段，让学生的多种感官都参与到教学活动之中。

（2）营造良好的教学氛围，建立和谐的师生关系，使学生在轻松愉快的环境中学习。

（3）创设良好的教学情境，通过富有启发性的问题，通过组织学生相互交流，通过让学生不断体验到成功的欢乐，保持持久的学习兴趣。

3. 巩固练习时提高学习兴趣

教学不仅是师生双方信息交流的过程，也是情感交流的过程。教师精心设计教学，积极激发学生的情趣，必然激活和加速学生的认知活动。

巩固练习是帮助学生掌握新知、形成技能、发展智力、培养能力的重要手段。心理实验表明：学生经过近 30 分钟的紧张学习之后，注意力已经过了最佳时期。此时，学生易疲劳，学习兴趣降低，学困生[①]的表现尤为明显。为了保持较好的学习状态，提高学生的练习兴趣，除了要注意练习的目的性、典型性、层次性和针对性，我们还要特别注意练习形式的设计。低年级经常采用游戏活动，如小小运动会、开火车、接力赛等。为了使游戏更有趣味性，教师可制作一些小动物头饰，让学生做游戏时戴在头上，会使学生兴趣盎然，课堂气氛异常活跃。针对高年级的练习形式主要是提出一些富有思考性的问题或创设一种情境。

4. 课堂结束后延续学习兴趣

一篇优秀的艺术作品，有引人入胜、情趣盎然的开头，跌宕起伏、扣人心弦的经过，耐人深思、余味无穷的结尾。数学课堂教学也和艺术作品一样，好的结尾可以鼓起学生思绪之翼，使他们对课堂内容展开联翩的遐想，犹如一首优美的乐曲留下的袅袅余音。

---

① 学困生一般指学习困难、成绩暂时落后的学生。

真正好的教学，应该把学生的学习兴趣延续到课后，让学生产生进一步研究的欲望。

三、活

1. 教学灵活

教学方法是完成教学任务、实现教学目标的手段。要实现教学目标，除了要有好的教材，还必须有好的教学方法。好的教学方法，省时、省力，能使学生既长知识，又长智慧。

在教学实践中，就有一个如何从实际出发，合理地选择和使用教学方法的问题。选择教学方法的基本依据，主要有以下几个方面：依据每一节课的教学目标与任务；依据教学内容的具体特点；依据学生的年龄特征。同样的教材，可以有不同的教法，因为教的人不同，学的人也不同。教学必须符合人的天性及其发展的规律。这是任何教学首要的、最高的规律。

俗话说："教学有法，但无定法，贵在得法。"教学"有法"，是"无定法"的基础，而"无定法"又是"有法"的创造和拓展。教学中要注意多种方法的有机结合，坚持"一法为主，多法配合"，逐步做到教学时间用得最少，教学效果最好，达到教学方法的整体优化。但无论采用何种方法，教师都要坚持启发式教学，都要坚持指导学生通过动脑、动口、动手、动眼积极主动地参与学习活动，都要坚持面向全体、因材施教的教学原则，都要坚持让学生把学习当成是一种乐趣，而不是一种负担。

在未来的课堂上，什么样的教师将会受学生欢迎？

当一个教师在课堂上和学生一起讨论问题，提出了自己的方法，思路却不断地被学生打断的时候；当一个教师不断地被学生提出的富有挑战性的问题难住的时候；当一个教师感觉课堂上总是学生在津津乐道地讲，而自己说话的时间在减少，感到自己渐渐退到幕后的时候……这样的教师是受学生欢迎的。

2. 教材用活

课堂教学的目的不是让儿童知识化，而是让儿童智慧化。要提升学生的智慧，教师就不能“教材上有什么就教什么”。在日常教学中，教师要根据知识的内在联系，在学生能够接受的情况下，尽可能伸长学习的“触角”，对所学知识进行适当拓展延伸，让学生通过一节课的学习能够收获更多“能带走”的东西。

教师在课堂教学过程中进行的教学活动，并不是对教材的简单复制，而是对教材的二度开发，是一种再开发、再创造的活动过程，这也是教师参与课程开发的主要形式。实际教学中常用的做法是替换教材中的例子、拓展教材的主题、改变教材的呈现方式、整合不同学科的内容等。

这里需要说明的是，教师在创造性使用教材时需要遵循以下原则：必须以课程标准为依据，在充分把握教材编写意图的基础上进行；必须把握好教学的起点，准确了解学生已有的知识基础；必须以有利于调动学生学习兴趣，有利于有效教学为出发点；必须是“实”与“活”的高度统一，不能流于形式做表面文章；必须量力而行，符合本人和本地实际。

3. 学生教活

学校教育的最终目标是让学生把智慧表现出来，而不仅仅把知识装在脑子里。为教之道在于导，为学之道在于悟！学会思考是送给学生的最好的礼物！一位教师，一所学校，如果不能教会学生自主获取知识，那将是教育的失败。

把学生教活很重要的四个方面就是，课堂上要注意培养学生的问题意识，要让学生有数学思考，要教给学生学习方法，要培养学生的应用意识。

第一，培养学生的问题意识。

如果把学生的大脑看作一泓平静的湖水，那么问题就犹如投入湖水中的一粒石子，可以激发学生思维的浪花。

学生学习数学的过程是一个自主建构的过程，是认知矛盾运动的过程，是不断发现问题、解决问题的过程。问题是数学的"心脏"，是产生认知冲突的焦点。无论是对教师还是对学生来说，问题意识应该成为基本意识。因为，所谓教学，说到底就是师生共同探讨研究解决问题的过程。在这一过程中，如果学生学会了如何发现、分析和解决问题，那么，教师的"教"才能见成效，学生的主体地位才能得到充分体现。

第二，要让学生有数学思考。

数学思考是数学教学中最有价值的行为，题型模仿、类型强化、技能操练在教学中固然需要去做，但如果这些措施离开了数学思考，也只能是无效行为。有思考才会有问题，才会有反思，才会有思想，学生才能真正感悟到数学的本质和价值，也才能在创新意识上得到发展。

让学生学会数学思考，就要让学生学会"从头到尾"思考问题。经历"发现问题—提出问题—分析问题—解决问题"的全过程；让学生学会数学思考，就要让学生参与学习过程，充分经历积极思考、动手实践、自主探索、合作交流的过程，使学生经历"问题情境—建立模型—求解验证"的数学活动过程。

第三，教给学生学习方法。

引导学生掌握一些基本的学习方法，让他们从小学会学习，这既是未来社会对基础教育的客观要求，也是素质教育必须完成的一项基本任务。这就要求教师在教学中要高度重视学习方法的教学，让学生切实掌握一些基本的学习方法，如实际操作、直观感知、抽象概括、演绎推理、迁移类推、系统整理知识等。通过对这些方法的掌握，促进他们学习能力的发展和素质的全面提高。

第四，培养学生的应用意识。

《义务教育数学课程标准（2011 年版）》① 在课程目标中指出：要使学生“初步学会从数学的角度发现问题和提出问题，综合运用数学知识解决简单的实际问题，增强应用意识，提高实践能力”。增强应用意识作为数学课程的重要目标，应该引起一线教师的重视，并应通过有效的措施在课堂教学中予以落实。

应用意识主要体现在两个方面：一是有意识地利用数学的概念、原理和方法解释现实世界中的现象，解决现实世界中的问题；二是认识到现实生活中蕴含着大量与数量和图形有关的问题，这些问题可以抽象成数学问题，用数学的方法予以解决。

4. 情感激活

给学生上课时，我们表现出来的热情会传递到学生的身上，成为他们本身的热情。如果我们缺乏热情，那么学生也会缺乏热情。因此，在课堂教学时，我们需要每天尽可能地表现得热情。

美国心理学家罗杰斯认为：“成功的教学依赖于一种真诚的理解和信赖的师生关系，依赖于一种和谐宽松的课堂气氛。”情感互动是师生能够达到知识交流、思想碰撞的前提条件。学生亲其师，才能信其言。课堂中，师生互动的基础在于情感的沟通和相融：只有情

① 由于年代关系，本书一些文章在撰写时参考的是 2011 年版义务教育课程标准，为保证内容的连贯性，收录时未做调整。此种情形，后文不再赘述。

感相融，才能激发师生的灵感和创造力，使课堂变得富有生气和乐趣，激发充满智慧的挑战，营造一种积极、健康的课堂气氛，使师生从中感受到成长的喜悦和生命的灵动。因此，在教学中，要积极创设条件，促进师生的情感互动。

四、实

实，就是教学中要讲求实效，不走过场，不摆花架子，用足球场上的一句话来说，就是教学要“到位”，即努力做到教学内容充实、教学过程真实、课堂训练扎实、教学目标落实。

1. 教学内容充实

（1）合理地确定教学内容的广度和深度。

（2）明确教学的重点、难点和关键。

（3）合理安排教学的顺序。

（4）要把数学教学和学生的生活实际联系起来，讲来源，讲用处，改变过去“掐头去尾只烧中段”的做法。

（5）教学过程中做到“三个延伸”：一是由传授知识向传导方法延伸；二是由传授知识向渗透情感延伸；三是由传授知识向发展智能延伸。

2. 教学过程真实

教学是教与学的双边活动，学生是教学的对象，而教学效果最终将落实到学生掌握知识和发展能力上。要使教学收到好的效果，必须根据学生的实际水平去进行教学设计。

只有真实的公开课才有价值，无论这堂课是成功的还是失败的，从这样的课堂中，才有可能发现教育规律，才有可能改进教学、改进课程设置。教学中教师要敢于暴露学生的错误，引导学生由不会到会。

3. 课堂训练扎实

练习是认知策略从陈述性阶段向程序性阶段转化的最为重要的条件，有效的认知策略必须在各种学习任务和不同的情境中加以练习才能获得。只有经过练习，个体才能把关于认知策略的执行步骤的知识，转化成自觉地支配自己学习行为的程序。

我们知道，组织练习活动有一些基本的要求，例如：练习内容要有针对性、典型性，练习安排要有坡度、有层次，练习形式要灵活多样，练习要面向全体、因材施教，等等。这些基本要求是广大教师教学实践经验的结晶。

在新课程背景下，我们除了认真贯彻以上原则外，还要注意从学生的学习和发展需要出发，结合解决实际问题组织丰富有趣的练习活动；同时要关注学生在练习活动中的情感体验，培养学生的问题意识和应用意识。

4. 教学目标落实

教学目标落实就是一节课下来，看一看自己所定的教学目标是否得到了很好的体现。一节课教学效果的直接表现就是学生的学习成效。其大小表现在三个方面：预定的教学目标实现程度如何；教学目标的临时调整是否有价值；每一个学生是否都获得了应有的全面发展。

五、美

1. 课堂氛围美

根据课程目标，教师要把落实情感态度的目标作为己任，努力把情感态度目标有机地融合在教学过程之中。

人类天生需要别人的赞美。人们感受到别人的赞美时，就会不遗余力地表现出自己的潜能，会更努力地工作，并表现得更加出色。一个人只有在宽松的氛围中，才会展现自己的内心世界，才会勇于表现自我，个人的主观能动性才能得到发挥。学生只有在民主和谐的气氛中学习，才能心情舒畅，才能使思维始终处于积极的、活跃的状态，才能敢想、敢说、敢于质疑问难。教学过程是师生相互交流的双边活动过程。师生以什么样的心境进入教学过程，是学生主动参与学习并取得教学效果的前提。民主、和谐、宽松、自由的教学氛围，能够最大限度地发挥人的主体性。

2. 教师风格美

优秀教师与一般教师的区别就在于，优秀教师具有高超的教学艺术和独特的教学风格。所谓教学风格，是教师在长期的教学实践中逐步形成的适合自己个性特征的教学观点、教学方法和教学技巧的独特结合与表现。可以说教学风格是教师在教学上成熟的标志。一个不争的事实：没有教师的个性化教学，就很难促成学生的个性化学习。

教师的教学风格大致可以总结为四种类型：儒雅型教学风格、新奇型教学风格、理智型教学风格、情感型教学风格。

一个教师教学风格的形成，一般都要经历四个阶段：模仿教学阶段、独立教学阶段、创造性教学阶段和有风格教学阶段。

3. 数学味道美

新一轮课程改革要求教师要以学生的发展为本，要给学生提供自主探索的时间和空间，要变“听数学”“看数学”为“做数学”。数学味道美是指教师要把数学课上出“数学味”。数学家发现数学的时候，是火热地思考着的。一旦研究完毕，呈现在我们面前的则是冰冷的美丽形式。教师的工作是要揭开这层形式外衣来显现数学本质，让学生体会到数学的内涵。

教师的任务是不仅要把书本上的东西说清楚，还要对数学发展的来龙去脉有清楚的认识。数学是符号化的形式化语言，数学教学的一个重要目标，就是进行再创造，通过火热的思考，将教材中学术形态的知识转化为学生易于接受的教育形态的知识。

4. 学生感受美

学生如果没有情感储备，课堂上自然难以实现高峰体验。“情感态度”的课程目标与“育人”密切相关，按照《义务教育数学课程标准（2011 年版）》中的表述，它可以包括“引起好奇心和求知欲”“锻炼克服困难的意志，建立自信心”“养成良好的习惯和科学态度”等①。这些方面对于学生而言，并不仅仅有益于学习某一知识，也不仅仅服务于义务教育阶段，而是全面起作用的因素，是长期起作用的因素，是他们终身学习的基础。这些方面的发展将使学生终身受益，无论他将来从事什么职业。

学习情感对学生的学习有着直接的影响，起着推动作用。愉快而积极的情感能活跃思维、激发智慧潜能，从而促进学习，提高学习的效率和质量。反之，痛苦而消极的情感会阻碍学习，并降低学习的效果。

① 《义务教育数学课程标准（2022 年版）》不再突出“情感态度”。

教 学 实 践

教学中出现10个意外怎么办

——教师课堂教学机智例谈

钱守旺

教学机智指的是教师长时间积淀下来的在不断变化的教育情境中随机应变的教学技能。课堂应变能力通常指教师正确处理课堂上随机发生的教学事件的能力。教学机智是整个教学的一个有机部分，机智表现为"润物细无声"，机智表现为对无法预见的情境进行出乎意料的塑造，机智表现为教学时的随机应变。

俄国教育家乌申斯基说："不论教育者是怎样地研究教育理论，如果他没有教学机智，他不可能成为一个优秀的教育实践者……"在教学过程中，教学情境瞬息万变、错综复杂，随时有可能发生种种意想不到的偶发事件，它需要教师正确而迅速地做出判断并妥善处理。这就要求教师必须具有教学机智，否则，纵有高超的学识，也难以真正完成教学任务。在教学过程中，教学机智能对意想不到的情境进行崭新的、出乎意料的塑造，将教学中的小事变得有意义。

一、上课前教师和学生都会紧张，怎么办?

对于刚开始讲公开课的青年教师来讲，紧张是很正常的。对于讲课教师来说，克服紧张心理的方法很多，比如：自我暗示法、深呼吸法、课前与学生谈话分心法等。对于学生来讲，克服紧张心理的方法也很多，最常用的方法就是老师课前跟学生进行一个简短的谈话，谈话内容可以是与本节课教学有关的，也可以是无关的。比如：猜老师的年龄、向老师提问题、玩脑筋急转弯的游戏、问学生

“你们最喜欢什么样的老师给你们上课？”“你们认为老师最喜欢什么样的学生？”等。

下面是薛法根老师在一节课前与学生精彩的对白，相信大家读后会有所启发。

师：同学们认识我吗？我姓薛。仔细看看，我有些什么特点？

生：你人长得很高、很瘦。

师：高好啊！站得高，看得远嘛！

生：你的头很小。

师：头小，智慧多。

生1：你的牙齿有点凸出来。

生2：眼睛小小的。

生3：脖子很长。

师：脖子长好啊！天鹅的脖子多长，那是优雅！（众笑）

生：你有点驼背。

师：这是我向骆驼学习的结果。当然，我只能成为单峰骆驼。（众笑）

生：你的字写得很漂亮。

师：（与学生握手）谢谢你，只有你夸奖我！要不然，我真的会感到很自卑的。

经过这样的简短谈话之后，学生还会紧张吗？

在教学《生活中的负数》一课时，根据这节课的教学内容，我安排了下面的活动。

师：课前我们做一个“相反游戏”，看谁反应快。知道什么是相反吗？

生：知道！

师：相反就是我说上，你们就说——

生：下。

师：我说向前看，你们就——

生：向后看。

师：好，下面请大家听老师发口令，你们自己做动作。看谁反应快。

接下来，我依次发出口令：起立、坐下、起立、向前看、向右看、向后看、向左看、举左手、举右手。学生们听口令，做相反的动作。

这样的课前游戏，既可以让教师和学生放松心情，很快进入学习状态，还为本节课学生进一步理解正、负数的意义打下基础，可谓一举两得。

二、教师要讲的，个别学生已经知道了，怎么办?

从教学角度说，教学不是教师教学生学、教师传授学生接受的过程，而是教与学互动的过程，师生双方相互交流、相互沟通、相互启发、相互补充，在这个过程中教师与学生分享彼此的思考、经验和知识，交流彼此的情感、体验与观念，丰富教学内容，求得新的发现，教学是一个发展的、增值的、生成的过程。上公开课，教师们最希望出现的场景就是教师引导学生由不会到会，展现学生的学习过程和数学知识的形成过程，课堂上出现教师课前预设的情况。但由于学生所处的文化环境、家庭背景不同，再加上小学生获取知识的渠道越来越多，家长普遍重视家庭教育，课堂上“老师还没有讲，学生就已经会了”的现象是经常出现的。遇到这种情况，就需要我们重新考虑教学的起点。

例如，在教学《认识人民币》一课时，教师按照课前精心设计的教学环节进行教学，发现学生已经积累了相当丰富的有关人民币的知识。于是，教师果断地将原先设计的“小步子”的提问调整为开放性的问题：“关于人民币，你知道些什么？说给大家听听。”学生你一言我一语，相互启发，不仅大致覆盖了教科书中的知识，而且生成了许多新的课程内容。有的学生说：“5 角、1 元人民币上印有少数民族人物像。”有的说：“我知道 10 元人民币上印的是毛主席像。”① 有的说：“人民币上还印有桂林山水、三峡风光。”有的说：“拿一张人民币对着光可以看到里面的图案，那是防伪用的。”教学这样一调整，不仅让学生的直接经验在教师的引导下得到了系统化，而且还通过课堂这个小舞台，展示了学生在社会这个大课堂里获得的其他知识。这样的设计就有了较强的针对性。

再如，在教学《圆的周长》一课时，揭示了圆的周长的概念后，我便举起一个用硬纸剪的圆提出问题：“怎样才能知道这个圆的周长？”第一个学生说：“老师，可以先在圆上做个记号，再把这个圆在直尺上滚动一周，就可以知道这个圆的周长了。”很显然，这是我课前已经预料到的答案。第二个学生说：“老师，拿根绳子绕着圆围一圈，量一量这段绳子的长度就可以了。”这个答案也没有超出我预设的范围。这时第三个学生说：“老师，我可以把圆对折，再对折，用绳子量一量这一小段（边说边操作，指着对折后的弧长），再乘以 4 就行了。”对于该生的这种独特想法我大加赞赏，同学们也对其投以赞许的目光。这时第四个学生突然在座位上不由自主地喊道：“老师，只要用圆的直径乘圆周率就行了！”他的这句话一出口，有三个学生随口附和道：“对，用 3.14 乘以圆的直径就可以了。”我没有想到“半路上杀出几个程咬金”，他们几个给了我一个意外，一下子

---

① 印有少数民族人物像的 5 角、1 元人民币应为第四套人民币，印有毛主席像的 10 元人民币应为第五套人民币。

打乱了我的教学思路：本来我接下来的教学思路是通过实验让学生探究圆的周长和直径之间的倍数关系。怎么办？我接着这几个学生的发言说道："刚才这几个同学到底说得对不对呢？我们还是通过实验来验证一下。"这样一来，就把发现、探究的过程变成了验证猜想的过程，收到了异曲同工的效果。

三、教材上的内容，全班学生课前已经预习了，怎么办？

预习是指教师在进行新课前让学生预先阅读教材，了解有关新知识，并独立地进行思考，探索获取新知识的一种学习方式。

从理论上分析，组织学生预习至少有以下三个方面的积极意义：第一，预习给学生提供了一个自主探索的空间。从形式上看，预习是学生在没有教师的具体指导下感受、学习新知识的过程，体现了学生学习的独立性。学生学习时按照自己的意愿、兴趣与能力进行活动，有选择地学习课本上的知识。此时学生作为活动的独立主体，自由地探索新内容，能边看书边思考。第二，预习给学生提供了一个锻炼自学能力的舞台。从功能上看，预习有助于学生自学能力的培养。小学数学教材编写具有简约性、概括性、逻辑性强的特点。预习使学生搜集已有的知识和经验去理解、分析，这是对学生学习能力的锻炼。对于大多数的学生来说，经常预习会使自学能力明显增强，使学习主动、高效。第三，预习是生动活泼的课堂教学的前奏。预习过后的学生，不仅对教学内容有了认识，还会有困惑和收获。课堂上，学生可根据预习提出问题，师生共同探讨。

预习后的课堂教学设计应该"以学定教"。学生作为学习个体，本身就存在着差异，预习后的课堂面临的学习差异可能更大。预习后的课堂教学，首先要解决的问题是怎样交流学生的预习成果，反映学生预习后的真实现状，切实把握教学起点。

例如，人教版三年级下册《年、月、日》一课，学生预习后，我是这样教学的——

师：通过预习你知道了什么？在小组内说一说。（生交流）好，现在谁向全班同学汇报一下，通过预习自己有哪些收获。

生1：通过预习我知道了10月1日是国庆节，“五一”国际劳动节是5月1日，每年的教师节是9月10日，儿童节是6月1日。

生2：通过预习我知道了一年有12个月，1、3、5、7、8、10、12月有31天，4、6、9、11月有30天，平年的2月有28天，闰年的2月有29天。

生3：老师，我知道可以用儿歌来帮助记住哪几个月有31天。“一、三、五、七、八、十、腊，三十一天永不差。”我还知道这里的“腊”指的是12月。

生4：老师，我爸爸说他小时候背的儿歌比书上的还多几句。“一、三、五、七、八、十、腊，三十一天永不差。四、六、九、冬三十整。平年二月二十八，闰年再把一日加。”

师：真好，与爸爸一块预习，还知道了书本上没有的知识。

生1：老师，书上还介绍了如何用左拳帮助记忆每个月的天数。（说着，自己举着拳头数了起来）

生2：通过预习我还知道了判断某一年是平年还是闰年应该看二月份的天数，二月份有28天的那一年就是平年，二月份有29天的那一年就是闰年。

生3：老师，课本中的练习题我都会做了。

师：同学们真聪明，这节课老师不用讲，你们就自己学会了，厉害！（生个个露出得意、高兴的表情）在预习的时候，你们有看不懂的问题吗？

生1：大月和小月是怎么回事？大月、小月是谁规定的？

生 2：老师，课本上说：“公历年份是 4 的倍数的一般都是闰年，但公历年份是 100 的倍数时，必须是 400 的倍数才是闰年。如 1900 年不是闰年，而 2000 年是闰年。”这段话我看不懂。

生 3：为什么判断闰年要除以 4 或 400 呢？

教师根据学生的问题，结合课件演示帮助学生释疑解惑。很显然，课前预习后，学生的主体地位加强了，每个人参与学习的机会增多了，教师的话也随之减少了很多。

四、课上要用的知识学生还没有学，怎么办？

教师要成为学生学习活动的组织者以及课堂信息的重组者，不断地捕捉、判断、重组课堂教学中从学生那里涌现出来的各种信息，把有价值的新信息和新问题纳入教学过程，使之成为教学的亮点，成为学生智慧的火种；对价值不大的信息和问题，要及时地排除和处理，使课堂教学回到预设和有效的轨道上来，以保证教学的正确方向。

有一位网友曾经问过我这样一个问题：公开课如何“备学生”？记得一次公开课，一位年轻的教师讲单数和双数，在讲课开始时他才感觉到孩子连 100 以内的数还没有学完，但是他并没有改变原有的教案，而是采取了“带着学生走”的课堂教学方法。课程过半后，我们发现，学生还是分不清 97 这个数是单数还是双数。另外，我也站在讲课教师的角度考虑：教师如果当时改变教案的话，对其又是一个挑战，此时的教师应采取什么样的方式来解决这个问题呢？

其实，这个教师出现的问题是可以提前避免的。教师在讲课前最好先了解一下学生的学习起点，如果有些必需的知识还没有讲，不妨课前补一补。万一出现了上述情况，一种方法就是像上面这位教师这样，在教学过程中拿出一点时间讲一讲必备的知识，以便使教学能够顺利进行。还有一种就是改变自己的教案，把数变小一点，其实，单数、双数的知识利用 50 以内的数完全可以使学生理解。我有一次在桂林讲课时，就遇到了这类问题。当时我讲的是长方形和正方形的面积计算，用的是北师大版的教材，可当学生利用公式进行计算时，我发现学生还没有学过两位数乘两位数。怎么办？我当时的做法是启发学生：你们能不能利用我们以前学过的知识，把它们变成我们学过的知识呢？结果学生想到了可以把其中的一个两位数变成一个整十数和一个一位数的和。

五、课堂上教师一不小心出错了，怎么办？

在公开教学中，教师因准备不足或临场发挥不好，或者由于紧张在课堂中讲错或说错的现象有可能出现。一旦出现这种情况，教师一定要冷静对待，注意处理方法。

“智者千虑，必有一失”。即使那些功底深厚、经验丰富的教师，也很难保证在讲课时不出一点差错；关键在于出现失误之后如何处理，能否适时应变，加以补救。一般出现这种问题时，会有几种情况：第一种情况是教师话一说完或者板书刚写完，就已经意识到自己说错了或写错了。遇到这种情况，教师只需要马上跟一句“对不起，老师说错了”或“对不起，老师写错了”，然后马上重说一遍或者把板书改过来就行了。第二种情况是教师说错了或者板书写错了，自己没有意识到，但学生们发现了。遇到这种情况，教师首先应该表扬学生说：“你们真了不起，老师说错了，你们一下子就听出来了！那你们帮老师改一改，我应该怎么说呢？”或者说：“你们真了不起，老师写错了，你们一下子就看出来了！那你们帮老师改一改，我应该怎么写呢？”学生们一听说老师需要自己帮忙，那劲头就来了。这种将错就错的处理方法，巧妙地将失误变成教学机遇。也许此时教师的“装糊涂”会使自己的学生更聪明。第三种情况是教师说错了或者板书写错了，当时虽然没有意识到，但当教学进入下面某个环节时，教师突然意识到自己讲错了或写错了。遇到这种情况，教师首先不要慌，要找一个适当的机会进行补救，可以跟学生这样说：“刚才老师在讲到某个地方时，我是这样说的，现在你们听一听：这样说对吗？”或者说：“刚才我们在学习某个知识时，老师是这样写的，现在你们看一看：这样写对吗？”第四种情况是，教师说错了或者板书写错了，教师和学生都没有意识到，但听课的教师们发现了。往往遇到这种情况，下面的听课教师会有反应，也许现场会有一阵小的骚动。此时教师要有警觉，想一想：自己是不是哪句话说错了或哪个地方写错了？说不定台下的教师们会暗示你出错的地方。

六、课堂上学生提出了教师没有想到的问题，怎么办？

课堂之所以是充满生命力的，就因为我们面对的是一个个鲜活的富有个性的生命体。课堂教学的价值就在于每一节课都是不可预设、不可复制的生命历程。追求生命的意义应成为数学教学的起点和归宿。教师要勇于直面学生的非预设生成，积极地对待，冷静地处理，把学生的这些非预设生成尽可能转化为自己的教学资源。教师的备课不论如何周密，课时计划的编制不论如何详尽，毕竟都是事前的计划，在教学实践中，难免会碰到种种预想不到的情况，需要教师做出临时的修正和调整。

在学习了测量知识以后，一位教师布置作业，让学生回家测量自己的腰围。第二天汇报时，有个学生突然发问：“老师，您的腰围是多少？”同学们顿时一阵哄笑，他们笑得那么开心是因为这位教师比较胖。但是这位教师很坦然，这虽然不是她事先设想的教学内容，但她还是笑着说：“你们先估计一下！”

这时一个孩子提问了：“老师，您先说您怀孕没有。假如人怀孕的话，腰围就会比平常人多出几十厘米。”

教师笑着摇摇头：“没有。不过这说明你平时挺爱观察，喜欢想问题。”

同学们估计了一阵子，教师又说：“估得准不准，还得动手量一量才知道。但今天只有直尺，没有卷尺，怎么办？”

没有解决不了的问题，孩子们又开动了脑筋。

第一个学生跑上讲台，拿着米尺，小心谨慎地围着这位教师的腰绕了一圈，一看，83 厘米。

第二个学生说：“我想用一根长长的纸条，对着米尺，把刻度画下来，就可以当卷尺用了。”

自己制作一根软尺，想得真绝。

第三个学生说：“我可以拿一根绳子，围着您的腰绕一圈，再量一量这根绳子就可以了。”

这已经是这位教师心目中理想的答案了，她正准备结束这个插曲时，发现一个学生还在一个劲地举手示意，于是决定给他一次发言的机会。

这第四个学生说：“我只要把老师的皮带取下来量一量就知道了，这办法挺简单的。”

第五个学生接着说：“我一拃有 10 厘米长，看看您腰围有几拃就可以了。”

真是活学活用！这些都是这位教师没有想到的答案。就这样，孩子们用他们想出来的各种办法，在这位教师的腰上折腾了好一阵子，最后得出一个结论：“老师，您该减肥了。”

这堂与原计划完全不同的课，因为最大限度地满足了学生的需要，所以学生学得特别主动，智慧也得到了充分的展示。同时，这堂课也使教师再一次感受到学生身上不可估量的创造力。

再比如，一位教师教学万以内数的退位减法，在质疑问难环节，一个学生突然举手问老师："老师，四位数的减法，可不可以从高位减起？"这可是教师备课时没有想到的问题，其他学生也齐刷刷地向这个学生投去了惊异的目光。怎么办？经过短暂的沉默之后，教师改变了自己预设的教学思路，给学生充分的时间，让他们通过举例，发现、体验从高位减起的可行性和局限性。教师首先让大家猜一猜，从高位减起是不是可行的，当学生的意见不一，产生矛盾时，教师为学生提供了三道计算题作为新的探索材料。

师：谁能说一说从高位减起时遇到了什么麻烦。

生1：从高位减起时，后面遇到需要退位时不好办。

生2：后面的计算向前一位退1以后，前面写的差还得改一下。

师：你是怎样改的？

生2：差比原来少写1。

师：那你们能不能想一个办法，在经过退位以后，使差不做改动呢？

生：老师，可以这样做。在从高位算起时，可以一次同时看两位，如果下一位需要退位，在写差时就先留下一个1。（生边说边以黑板上的题目为例进行说明。其他学生点头表示认同）

师：你真了不起！还别说，这个方法真能行得通。

生：（站起来提问）老师，既然这种方法可以，那为什么书上说"从个位减起"呢？

师：这个问题提得好！你们能谈谈自己的看法吗？

生 1：老师，我认为按照书中介绍的计算方法算起来简单。

生 2：我也认为从个位减起要比从高位减起简便。

师：就是这个道理。我们在计算的时候要尽可能选择比较简便的方法。不过，今天我们要特别感谢 ×× 同学所提的这个问题，正是他的这个问题使我们对多位数的减法有了更进一步的了解。我提议，大家把最热烈的掌声送给他。

（全班同学鼓掌）

教师这样处理，好就好在教师不是把“从高位减起”作为一种知识来教，而是把探究的过程作为一个方法在教。

七、上公开课时，遇到了思维活跃、特别爱表现的学生，怎么办？

在问答与讨论的过程中，让尽可能多的学生参与其中是至关重要的。学生的差异是客观存在的。我们在上公开课时，有时会遇到这样的学生，他们的思维活跃，反应机敏，老师的问题刚一提出来，他们就把答案喊出来了，几乎不给别人留下思考的机会。遇到这样的学生，教师首先要肯定其优秀的个人素质和思维活跃、发言积极的学习态度。

教师也可以在私下里询问他的解题策略，悄悄地告诉他，他的解题思路自己非常清楚，然后以商讨的口吻跟他说：“在课堂上重要的时刻，老师一定会请你发言，至于平常，我希望你把发言的机会让给其他的小朋友，让全班小朋友都有机会能够发表自己的意见。”同时教师还可以和这个学生协商：“下一个问题老师请你当裁判，你知道答案后不要忙着说出来，要先听一听别的同学是怎样回答的，等最后老师请你对他们的回答进行评判。你看可以吗？”学生一听说要让自己当裁判，他不但自己积极思考，而且能够认真倾听别人的发言，可谓一举两得。这样既张扬了学生的个性，又给其他同学营造了良好的思考和回答问题的氛围。

八、上公开课时突然脑子里一片空白，怎么办？

课程改革之前，我们评价一堂课好坏的标准基本上是看教师讲得怎么样，课堂上教案执行得怎么样。我参加各级评优课的足迹是“校级评优课—县级评优课—市级评优课—省级评优课—国家级评优课”。从这里老师们可以看出我是从基层一步步“拼杀”出来的，可谓“久经沙场”。我还清楚地记得，那时各级教研员还有学校领导给我说完课后，总会一脸严肃地叮嘱我：“就照今天说的思路讲，这句话就这样说，这个手势就这样做，自己在课上不许随便发挥。”于是，我便遵照领导的指示，开始一遍一遍地反复记教案。可有时上课时不知什么原因，我的脑子里瞬间还是一片空白。

现在评价一堂好课的标准发生了变化：主要不是看教师的教，而是看学生的学；主要不是看教师机械执行教案的过程，而是看教师课堂上动态生成的过程。这就对教师的教学技能提出了更高的要求。我在平常听课时经常看到一些年轻教师面对学生的回答无言以对，一个环节结束了不能很自然地进入下一个环节，总给人一种教学环节不紧凑、衔接不自然的感觉。

现在我教学经验丰富了，当然也就不会出现上课时突然脑子里一片空白的现象了。对于那些刚刚参加工作的年轻教师来讲，万一出现了这种情况该怎么办呢？这里我教给你几个化解方法。

（1）一定要清楚自己每一步该做什么，怎么做，应该达到什么目的。牢牢记住一些关键的教学过渡语，必要时可以写在教科书的空白处，万一忘记了，拿起教科书看一眼可能就回忆起来了。

（2）在制作课件的时候，设一个主页，主页和每一张幻灯片都要做一个超链接，每个环节后，都能回到主页上，这样通过主页上按钮的提示，自己就知道下一步该干什么了。万一脑子里出现了空白，赶快返回主页，看一下就是了。

（3）万一脑子一片空白，还有一种解决办法，就是先临时给学生提一个与本节课有关的问题，或者给学生布置一个临时性的任务，在学生活动时教师赶快看一下教案就行了。

（4）瞬间的空白出现时，你不妨把刚才说过的话再重复一遍，说不定很快就想起下面要说什么了。

九、课堂上面对学生的错误和启而不发的学困生，怎么办？

一堂成功的课堂教学应该是精彩的，然而这精彩不光是因为有感情的交流、创造力的迸发、思维的碰撞等，更因为有“错误”。心理学家盖耶认为：“谁不考虑尝试错误，不允许学生犯错误，就将错过最富有成效的学习时刻。”课堂，是学生可以出错的地方，学生出错的课堂才是真实的课堂。学生的错误，作为珍贵的教学资源，是可遇不可求的，也是稍纵即逝的。因此教师不仅要善待学生的错误，还要敏锐地发现学生错误背后的原因，挖掘学生错题的价值。这样可以使我们更好地了解学生，提高自身的教育教学水平。

在课堂教学中，教师要敏锐地抓住学生出现的宝贵的错误资源加以有效利用，推动教学从“无序”走向“有序”。例如，在教学人教版教材五年级上册《植树问题》时，我让学生做了这样一道题目：第三小组的同学们在附近的动物园里植树。大象馆和猩猩馆相距 60 米。同学们要在两馆间的小路两旁栽树，相邻两棵树之间的距离是 3 米。一共要栽几棵树？

学生读题后，先独立思考，然后汇报。

生 1：60 ÷ 3+1=21（棵）。

生 2：60÷3+1=21（棵），21×2=42（棵）。

生 3：60÷3=20（棵）。

生 4：60÷3=20（棵），20×2=40（棵）。

生 5：60÷3−1=19（棵），19×2=38（棵）。

师：这么多种解法，到底谁的是正确的？大家讨论一下。讨论的时候你们一定要把题目认真读一读，想一想：这次植树的情况和刚才还一样吗？“小路两旁”是什么意思？

（生展开热烈的讨论，以小组为单位发表意见，很快明确生 1、生 2、生 3 的解法肯定是不正确的。因为在大象馆和猩猩馆之间种树时，两端是不能种的。又因为是在小路的两旁栽树，求出一边植树的棵数后还要乘以 2）

师：生 4 和生 5 的解法究竟谁的有道理呢？同学们自己画画图，看如果在一段直路上植树，如果两端都不种，植树的棵数和间隔数（场馆距离除以两棵树之间距离的结果）之间有什么关系。

（生画图思考，很快发现：在一段直路上植树，如果两端都不种，植树的棵数比间隔数少 1。由此他们确认生 5 的方法是正确的）

师：看来，我们在解决植树问题时，一定要具体问题具体分析。

通过对错误解法的辨析，学生对植树问题的“数学模型”才会真正建立起来。

平常我到全国各地去上课，因为来去匆忙，很多时候无法提前见到学生，为了活跃气氛，拉近师生之间的距离，一般是在课前有个简短的谈话，谈话过后开始上课。在这种情况下，由于对学生不了解，教师提出一个问题后，很多学生的回答是不完整的，甚至是错误的。如果这个问题是一个难度较大的问题，而回答问题的恰恰是一个学困生，此时就会出现比较尴尬的局面。

机智的教育应该努力防止使孩子们心灵受到伤害的环境和因素出现。每当遇到这种情况，教师不必紧张，应该意识到这是一种很正常的情况。

很多年轻教师总认为一节课越顺越好，最好是能够按照自己课前所预设的那样稳步推进。其实这是一种错误的认识，课堂上学生学习出现了困难，回答问题发生了错误，教师此时的主导作用和教学机智就体现出来了。面对学生的错误，教师应该有一种课程资源意识，应该意识到学生课堂中的错误、出现的问题，都是非常宝贵的可以利用的教学资源。面对启而不发的学困生，教师可以把问题再重复一遍，如果该生还是不能回答，第二条策略是改变问题的问法或分解一个大问题为两个小问题。如果改变后该生仍不能回答，教师可以找别的同学帮助他，然后让该生再重复一遍就可以了。总之，不管教师怎样处理，一定要让学困生体面地坐下去，一定要保护他脆弱的心灵不受到伤害。能够把学困生教明白的老师才是好老师，能够让学困生对数学课产生浓厚兴趣的老师才是真正功底深厚的老师。

十、教师课前预设的问题或结论课上没有出现，怎么办？

预设表现在课前，指的是教师对课堂教学的规划、设计、假设、安排，从这个角度说，它是备课的重要组成部分。预设可以体现在教案中，也可以不体现在教案中；预设表现在课堂上，指的是师生教学活动按照教师课前的设计和安排展开，课堂教学活动按计划有序地进行；预设表现在结果上，指的是学生获得了预设性的发展，或者说教师完成了预先设计的教学方案。

现在的计算教学和解决问题教学提倡算法多样化和解决问题策略的多样化。例如，在教材中可能编者给我们提供了四种算法，但实际教学时，学生中只出现了两种算法，那么另外两种算法怎么办呢？第一种处理方法是如果学生中不出现，教师也就不再提及了。第二种处理方法是，教师将其作为知识拓展介绍给学生。第三种处理方法是，教师创设一种以学生为角色的情境，比如这样说："老师在另一个班上课时，有的同学还给出了这样的计算方法，你们能看懂他的这种计算方法吗？"

总之，教学过程不应该是一个不变的程式，更不应该成为僵死的模式，而应该是一个随机应变的模块，一个知识与能力、过程与方法、情感态度与价值观三者浑然一体的过程，一个充满创造性、神奇而又多变的过程。动态生成的课堂教学的进行，需要教师进行合理调控，而这种调控完全依赖于教师对教学的敏感程度和对学生提出的问题的感受能力。追求课堂教学的动态生成，不仅是积极实施以创新教育为核心的素质教育的需要，也是学生内在生命活力成长、发展的需要，还是教师生命活力、自我价值得以表征和实现的需要，更是教育永恒的、真正的价值追求。

4

何 捷

阅读教学的创新者

何捷，福建省作家协会会员，闽江师范高等专科学校教育科学研究所专职研究员，福建教育学院语文课程与教学研究所兼职研究员；“游戏作文”“百字作文”创始人和倡导者，近年来提出“写作教学‘进行时’”这一全新作文教学主张；全国首届十大青年名师，全国有重要影响的写作教学名师；著有《和学生一起写作文》《何捷老师的游戏作文风暴》《一线立场：快乐教学锦囊80篇》等三十余部个人专著。

名师故事

有种人生叫坚持

雷 玲

今天的何捷身上，有很多成功的个人品牌标签：“超级语文课”第二季全国总冠军、福建省教育厅认定的“福建省名师”、福建省作家协会会员……

用他自己的话说，他成长的秘密就是“不管做什么，都要坚持”。

一、童年，他希望成为武林高手

一本《射雕英雄传》改变了他的童年。

当时，何捷的妈妈在印刷厂工作，第一批引进的武侠小说之一《射雕英雄传》就在她所在的厂里印刷。由于技术原因，许多脱胶散碎的书页就成了废品，何妈妈捡了一些带回家做包装用。

这无心之举，却成就了何捷的写作功底和职业梦想——大侠。

刚开始，他随意拿起一页读起来，没承想一读就被深深吸引。小男孩何捷深深迷上了《射雕英雄传》中介绍的武林秘籍、武术绝招，还有让人牵肠挂肚的曲折故事。特别是作者金庸描写的对打场面，让他从心里认定自己就是武林高手了，还是那种“飞花摘叶也能伤人”，并能发出气功波的超级高手。

每天在学校，他总是对着桌子、椅子、黑板、同学，不断发出想象中的气功波。大家看他动作古怪、神情自满，都觉得不可思议。于是，同班一个小男孩向他挑战，而他，用一连串从书上看来的武功，把同学打得鼻血直流。

接下来，何妈妈没收了那堆引发他自修武功的“废纸”，并告诉他：不准再看。

于是，他只能趁妈妈午睡时偷看。就这样，每一个午后，原本应该睡午觉的他，都在阅读《射雕英雄传》中度过，都在想象中的武林纷争中度过，都在一次次的惊叹、喜悦和当大侠的梦想中度过……

中午没午睡，下午就犯困，一段时间下来，“何大侠”的成绩直线下降。何妈妈再次发现了他的秘密，把所有的书页都做了炉头里的燃料。

然而，这段童年阅读经历，让“何大侠”的写作水平有了拔节式的提升。一次，他在作文中写同伴的争吵，就是学了《射雕英雄传》中两大高手对决的写法：那样凄冷的天气，那样冰冷的目光，那样冷峻的笑，之后是那样冷冰冰的“出招”……那篇作文被老师评为优秀，张贴、朗读、推荐发表，样样都让“何大侠”感受了一把“武林盟主”的荣光。

二、入行，东写西读给你好看

说起职业生活，何捷说，自己就和读书、写作两件事发生关联。“我把自己整成今天这个样子。”他幽默地总结。

作为一个爱读书的教师，他有话要说。在他看来，会读书，读对书，才算对得起教师这个“头衔”，对得起生命。

因为父亲是省委党报的编辑，工作需要海量阅读。在这样的环境中长大的何捷，读过许多不朽名著，看过许多绝版古籍。一度，他以为自己已经将天下可读之书读尽了，无欲无求，入世可治学安家，出世能豁达超脱。

然而，“无书可读”这样自大的认识，在他走上岗位后的第一节公开课上就被击碎。

1994 年，在师傅逐句讲解后他鹦鹉学舌，居然拿下市里的教学观摩一等奖，但是整个备课的过程让他无地自容。“什么都不知道，一点儿文化味都没有。”这就是当时师傅给他的评价。师傅直率的棒喝，让何捷在赛后重新开始了阅读之旅。

多年后，何捷总结，他的阅读经历了“他律”到“自律”再到“醉心沉迷”三个阶段。自觉阅读、专题阅读、广泛阅读……读过各类书后，何捷说，就像“任督二脉打通后，真气能运用自如，武学能融会贯通”。他对于写作这件事更明朗了，指导孩子写作或是自己写都更加得心应手。

读得多了，他还写了一本教别人怎么读书的书——《一天十五分钟——何捷老师的一线阅读地图》。

写作，原本是让人痛苦不堪的事。但何捷回忆，他从 18 岁当教师开始写，到后来发现，原来自己是擅长写的。他这里投投，那里发发，不知不觉中，发表量超过了千篇，书籍与音像制品的出版量居然达四十余种。

他为孩子写，写让孩子看得懂的文章，让教育不再被面纱遮盖。他的《小莲藕学作文》《作文笑传》作为学科童话，让全国小朋友喜欢，成为班级共读的热销书。他为教师写，写大家心里能感觉到却说不出，抑或是不好说的话，让压抑的心灵获得释放。他的《教师职场36忠告》成为中小学图书馆必备百本书之一。他为家长写，写大家需要知道的，让家庭教育的方式方法更加科学，他的《一线立场》中，许多的随笔就是和家长谈心。他为自己写，记录下自己生活中的见闻感受，不管是心潮涌动还是涟漪初泛，只要是有感觉掠过，都提笔记录，让教育人生不再苍白空泛，《一课都不能少》《和学生一起写作文》都记录着他的成长。

写着写着，他的精神幸福感充盈满溢。写了二十多年，他发现自己用写作打开了一扇门，仿佛若有光，门里都是孩童，他躬身而入，豁然开朗。

三、沉迷，在教学研究的路上

坚持不懈的读写，让何捷成为福州市的语文教研员。这无疑给了他更多研究教学的时间，也让他的教学探究路上能有更多伙伴同行。

回忆自己的成长经历，何捷说，刚开始被大家认识，很大一部分原因是他的“游戏作文”。

“记得刚从师范学校毕业时，我似乎是一柄长满铁锈、黯淡而毫无光彩的钝剑，徒具剑形，却毫无美感和实用价值。系统的中等师范教育并没有让我学会如何当一个让孩子们喜爱的老师，我跟当时的绝大多数老师一样，认为作文是孩子们必须完成的任务，老师只要布置下去就功德圆满了。”

在这样的教学过程中，何捷发现，孩子们总是被动地完成他那些不经大脑思考的作文题目，如“一件难忘的事”“我最喜欢的一个人”等，他越来越感觉到，这些作文题，毫无疑问地束缚了孩子们创造的灵感和想象的翅膀。

他开始去研究儿童究竟喜欢写什么。就这样，“游戏作文”实验上路了。此外，他还坚持让学生每日写“百字作文”，这项实验也让无数学生受益，也让他获取了通往儿童言说世界的钥匙。

“写作”“教学”“儿童”，何捷的作文教学主张，与其他写作教学主张的最大区别是强调教师的“教”在教学全过程的重要性和不可替代性。写作，儿童是主体，伴随着主体写作的全过程，教师必须履行教的职责，实施有效、合理、科学的“教”。“进行时”就是以“教”为轴心，用“教”串联全程，时时关照写作运思，激活生活经验，调用阅读积累，组织同伴合作，促进表达欲望产生，直至言语顺利倾吐而出。“进行时”的“教”涉及作前的准备、作后的修改与评价，强调的是写作过程中关注儿童言说的情态，营造乐于表达的氛围，更多给予鼓励，促进表达的灵感生发。师生以及教学本身形成和谐、合情、合理的共同体，相融相通，相伴相生，联合促进儿童实现“易于动笔，乐于表达”。

语文名师陈金铭将何捷的作文教学总体特征概括为三个字——“好快活”：“好”的教学，让儿童“快”速成文，教学过程灵“活”，儿童写就的文字鲜“活”。

“我有我的骄傲——坚持。我的秘密就是，不管做什么都要坚持。苦和累都是考验，坚持就是法宝。当然，今生选择教师行业，对读与写、对课堂教学的坚持，就是你的本分。”何捷说，这不是秘密。

对话

问：对您影响最大的一本书是什么？为什么？

答：《易经》。它告诉我为人处世之道，让我变得圆润、通达。我觉得这是一个人成长、成熟必读的书。

问：对您影响最大的教育大家是谁？您最欣赏或景仰他什么？

答：于永正。他说："微笑就是我的名片，教了一辈子的书，终于把自己教成孩子了。"至理名言！我景仰他对待学生的"道"。

问：对您启发最大的两句教育名言是什么？

答：①陶行知说："教育是农业。"②张文质说："教育是慢的艺术。"

问：您教学观中的关键点有哪几点？

答：我的作文教学观：广泛阅读，参与生活，勤于动笔，多方鼓励。

问：您心目中理想的语文教师是什么样的？

答：面带微笑，深受孩子喜欢；举重若轻，化难为易，让孩子在愉悦的情绪中爱上语文。

问：您上过的最满意的两堂语文课是什么？简要总结其特点。

答：《匆匆》《特别的自我介绍》。两节课虽为阅读和作文，但教学目标简单明确，教学设计简洁轻快，教学难易程度充分适应孩子的需要。课堂上，孩子是主人，是主角，是学习的主宰者，自己尝试学习是课堂的主旋律。

问：您写过的最满意的三篇语文教学论文是什么？

答：《抵达文字始发的境界》《作文教学创意的源头活水》《关注阅读教学"文本接受"的缺失和补救》。

问：您通常怎样战胜挫折和困难？

答：阅读、自觉的意识、与生俱来的毅力。

问：您取得优秀成果的主要经验和体会是什么？

答：勤奋，永远不脱离第一线，尽量和孩子在一起。

问：请评价一下您自己的性格特点。

答：乐观，有毅力。

问：您的业余爱好是什么？

答：书法、绘画、游泳、健身。

问：您的人生格言是什么？

答：莫做无病呻吟。

问：您认为好老师应该是什么样的？

答：有孩童般灿烂的笑容，有海洋般广博的知识，有魔法师般诱人的魅力。

问：您最喜欢什么样的学生？

答：有教无类。每一种孩子都有可爱之处，无法言“最”。

教学智慧

“我”就是作文

何　捷

一次我在异地交流作文教学经验，其间有人发问：“何老师，您执教的班级中能写好作文的有几人？如何才能引导大多数孩子写好作文？”看来提问者急需从数据上论证我介绍经验的实际效果。我感到汗颜，如实回答：“62 人的集体中，作文写得好的仅有 20 多人。至于如何引导大众，执迷作文教学十余年了，我仍感觉迷茫。”

回答不了的问题，很自然会引发思索。自己带了五六届学生，孩子们的作文水平各不相同，但有一个明显、有趣的特征：只要是我所执教的班级，所有的孩子均对写作文有一种纯朴、执着的热爱，写起来毫无畏难情绪。我甚至搞不清楚，他们是爱作文还是爱我。联系之前老师们提出的问题，猛然间我似乎找到答案：“我”就是作文啊。钱锺书说：“一个人二十不狂没志气，三十犹狂是无识妄人。”我已过而立，说出这样的话是痴人说疯话吗？不！王尚文教授在《走进语文教学之门》一书中也提出类似的观点：教师和所执教的学科是水乳交融的。教师教授的是他所有的，是内在于他的，从他心里流淌出来的，也就是他自己。单从作文教学的角度来看，教师就是一个活的教学资源，对引领孩子进入写作之门能潜移默化地起作用，能促使教学相长。

一、以“我”的精神感召孩子

每逢接手一个班，我总喜欢向孩子们自我介绍：老师已经坚持冬泳十几年啦；就像吃饭和睡觉一样，老师每天都要阅读和写作；当初为了学些教作文的本事，老师背着自己写的一大堆材料，到处拜访名师，即使是吃闭门羹也毫不气馁；为了练好字，老师右手中指的指甲盖都写得有些倾斜变形了……当初从没想到这些介绍和孩子们爱上写作有什么关联，现在看来作用很大。由年龄特点决定，孩子是容易被引导的。他们经常以身边人，特别是教师为偶像，崇拜他并模仿他。在孩子们的心中，我的形象一开始就是吃苦耐劳、持之以恒、极有毅力的。这就等于在他们幼小的心灵中埋下了这些优良品质的种子。在随后的接触中，孩子们通过自己的观察证实，老师真的如他所说的那样，坚持冬泳、阅读、写作、练字。其间，他们已经被我的言行影响和熏陶，在不自觉中也开始发展自身的这些意志品质。

这些意志品质对他们参与并且爱上写作是很重要的。要走进写作之门，除具有浓厚的兴趣之外，还必须具有持之以恒、吃苦耐劳的精神。巴尔扎克说自己的小说是在苦咖啡中泡出来的。福建师范大学的孙绍振教授坦言：写作其实是件苦差事。可见，没有培养起良好的意志品质，教师是无法支持孩子们今后持续地发展自己的写作能力，提高自己的写作水平的。而我的这些自我介绍，恰巧起到了精神感召的效果。他们和我朝夕相处，遇到困难时很自然地想到我、模仿我，自己想方设法克服。其实，写作和爬山一样：过了一道坎后，又是一道风景。

二、以“我”的认识影响孩子

学生害怕作文，很多时候源于教师的“教”：“作文很难，你们要认真对待。”“写考场作文要竭尽全力，它能左右你的语文成绩，今后甚至和你的前途命运息息相关。”……其实这些言语除了起到恐吓作用外，丝毫不能对孩子们提高写作水平有什么作用。相反，我就常对孩子们唠叨：“写作文有什么难的？不就是用笔记下心里想说的话吗？”“考场作文有什么可怕的，不就像平时上交作业一样吗？”“每个人都能写好作文，每个孩子都是天生的童话家。”……别小看这些语言，它们影响着初学写作的孩子对作文的认识，对其今后在写作之路上的顺利前行起到至关重要的作用。

我会这么说，因为我对作文的认识就是如此，归纳起来有 12 个字：“低要求，早起步，勤锻炼，多鼓励。”在日常教学中，我就很有意识地通过具体的教学行为向孩子们传递这些信息，以影响他们对作文的认识。“低要求”：凡是我执教的班级，孩子们最先接触的都是“百字作文”，每天用一两百字，即兴、及时地将自己的烦恼或快乐、新奇的发现、一段“语不惊人死不休”的幽默话语、真实的感受等记录下来。记录过程不必强调篇章结构的完整，语句不必字斟句酌地苦苦推敲，意断时笔止。这一“低要求”一下子就受到孩子们的欢迎，他们是乐呵呵地拿起笔来写的。“早起步”：很多教师都是等到学生上三年级时，突然间提出作文这一概念，吓倒了孩子。其实，每个孩子的第一声啼哭就是他人生的第一篇作文。作文教学应该尽量早地起步，和日常教学活动紧密结合，像天气的变化，随时随地都可能发生。不过“早起步”不等于急于求成，它要与“低要求”相互配合。“勤锻炼”：我告诉孩子们，作文不必都靠写。平时的课堂发言，随文小练笔，与同伴、父母之间的交谈都是在练习写作。练得勤快了，作文哪有写不好的？“多鼓励”：于永正老师强调，每个孩子的作文都是 100 分。我认为，教师的批改如果不能起到激励作用的话，不如不改。以一个成年人的眼光来看待儿童的文字，“差错”是找不完的，批改的唯一价值就在于鼓励。因此，孩子每上交一篇习作，都能在我这里得到最大的鼓励。我总是将文章中的闪光点进行放大，让他们认识到，原来自己的文章那么棒，连老师都这么欣赏啊。

三、以“我”的行为引领孩子

我曾听过一个笑话：学生在办公室里听到教师们说最害怕写论文，于是他们说：“老师都害怕写论文，我们当然也害怕写作文喽。”笑话具有讽刺性，也说明一个问题：要想让学生乐写，教师应该以身作则。身教的作用大于说教。在和孩子们相处的时间里，我总是有意识地展示和写作相关的行为：写教学日记，阅读，分享阅读心得，一起欣赏孩子们的作文，有意识地告知他们我或者某个孩子文章发表的信息，整理自己的文集，指导孩子们整理学期的作文集……一件件孩子们看在眼里并记在心里的小事，积累起来就成为一种力量，帮助他们将写作的根扎得越来越深。

此外，我还以自己的特色教学行为——“游戏作文”来促进孩子乐写。我的“游戏作文”以游戏活动为媒介和手段，在设计上讲究合理安排游戏的形式、时间，科学设计教学程序，使得游戏能够在教学中充分发挥其激趣、引导、启发、辅助的功能。《新作文·小学作文创新教学》《福建教育》等多家杂志都曾经给予报道。随着实践的深入，为了让孩子通过教学更全面、多元地认识世界，认识生活，我将游戏活动分为五大类型：科技常识、魔术表演、群体合作、实验实践、文字思维。五类共百余个游戏活动，涵盖了小学阶段需要进行的写作训练点，孩子融入其中，能在快乐中扎扎实实地得到发展。《盲人雕塑家》《魔术直线》《寻找“超级女生”》《张飞穿针》《鸡蛋变“银蛋”》……深受孩子喜欢的“游戏作文”课每周一节。在课堂上，我和孩子们一起游戏、活动，一起分享参与感受，一起计划突破写作的重难点。很多孩子认为自己是幸运的，很大一部分原因就在于可以参与这样的作文课堂。

四、以“我”为素材指导孩子

孩子不会写作，不爱写作，很多是因为缺乏素材。其实更准确地说，是缺乏搜集素材的能力。因此，教师的指导应该着力针对素材采集的示范和指导。梁启超就强调教师指导学生作文，应该着力把握大局，关注整体，多给学生提供材料。为作一文，他喜欢罗列各种材料给学生，以培养和锻炼学生的选择力。我在教学过程中发现，我本身就是最好的素材。我是个写作爱好者，搜集素材本就是我常常碰到的问题，素材选取能力自然在一次次的需要中不断得到滋长。自己懂得如何搜集素材了，也就具备了指导别人的资格。我还是个爱好广泛的人，就连孩子喜欢的事物我也乐于接受，这就使得我的知识体系比较复杂和宽泛，孩子讲什么我都能接得上。在孩子眼中，我成了“百事通”。

基于对自己的认识，在日常教学中我有意识地以自己为素材，给予孩子有效的指导。其一，指导孩子通过观察获取素材。我不喜欢在教室里“纸上谈兵”，我喜欢带着孩子到“事发现场”实地指导。毕竟身临其境和“隔岸观火”的感受迥然不同。在实地观察过程中，孩子一边看、记笔记，我一边配合讲解，他们能获得更多切实的感受和鲜活的素材。例如，我特地选了一个寒冷的傍晚，带着两个孩子到我冬泳的场馆，看游泳，写作文。看看他们的文字你就会发现，这类指导的效果出奇地好。其二，指导孩子学会选择素材。针对选择的指导是治疗“素材贫血症”的关键。我常告诉孩子著名作家肖复兴教子选材时作的生动比喻：选材就像择菜，一棵菜看上去都很好，但适合吃的只有一部分，必须毫不惋惜地择去其他部分，这样才能吃得可口。

五、以“我”的成功激励孩子

任何人都需要赏识和激励，孩子更为迫切。幸好，他们能从我的身上看到因写作带来的成功的喜悦。我不避讳说自己成功，因为我将其看成一种教学资源而加以充分利用，使其成为一种激励孩子进步的动力。具体说，我所谓的成功有三点：近几年我的两个作文小课题——“百字作文”和“游戏作文”得到社会各界广泛的关注和认可，常有记者来校采访，我也常为同行上教学观摩课。每逢有这些信息，我总是大张旗鼓地和孩子们分享。这是其一。我手头勤快，常有文章被刊登，再加上福建省的四家学生杂志中皆有我的专栏，“上镜率”很高。每当有文章发表，我总是喜洋洋地带到班级，亲自朗读、讲解。这是其二。我执教的班级孩子的文章发表频率总是很高，每学年能发表200多篇，并且有百余篇获奖。这再次给予孩子激励，形成了良性循环。这是其三。孩子能从我的成功中明显地感到写作带来的幸福，他们自然也能从我获得的点滴进步中汲取前进的动力。所以，大家都认为自己是会写作的孩子，会写，写得好，常发表，不爱上写作都难喽。

写文章就是为了分享和推广。可是即将收笔时，我突然发现了问题——“我”太特别了。诸多因素造成“‘我’就是作文”的唯一性，使得这些经验不但不易于推广，反而会让朋友们望而却步——天底下哪有第二个何捷？我们如果不具备其中之一条，自然就不能成功了！其实，大家不要担忧，就像鲁迅回忆老师章太炎的文章《关于太炎先生二三事》中所说：“先生的音容笑貌，还在目前，而所讲的《说文解字》却一句也不记得了。”各式各样的“我”虽然都是真实的个案，但“‘我’就是作文”应该上升成为一种理念、一个信念、一份自信和不断的尝试。相信大家有了以自己为作文的勇气和智慧，在不断的实践努力后一定会渐入佳境，感受到作文与人合二为一的曼妙。

教学实践

案例 1

六年级论说文教学

——《“难写”的作文怎么写》教学实录

何 捷

一、一言难尽：畅谈“难写”的作文

师：（板书：“难写”的作文）今天，我们专门来聊一聊“难写”的作文。先请大家说一说——什么样的作文，你觉得很难写？

生：我觉得是经常写的、老掉牙的作文。

师：有意思。老掉牙，因为写得过多而感到难写。我听说过一个故事，有个小朋友说他从一年级进校，老师就要求他写一篇文章，叫《我的妈妈》。到了六年级，老师还布置这篇文章。他说自己只有一个妈妈，可老师却要他写出六个不同的妈妈，真的很困难。“难写”的作文还有吗？

生 1：自己从来没有经历过的事情却又要写。

生 2：被逼着写的作文。

生 3：题目范围太大，超出我们小学生的能力范围。比如《家乡的故事》。

生 4：《父母的爱》《介绍自己》《难忘的______》

师：好嘛，一口气说出三个，看来你有“作文恐惧症”啊。在你们心中，最难写的、最讨厌写的作文是什么？请每个孩子回忆出一个作文题并把它写下来。

（生动笔写，师巡视）

生：《父母的爱》。

师：你的父母不爱你吗？

生：不是，是我想写的都写了。

师：作文有时候可真要命，明明爱满人间，可是写起来就感觉心中无爱，况且每写一次爱就减一分。还有题目要说吗？

生1：《一件难忘的事》《我的房间》《自我介绍》《家乡的美景》《改革开放后的巨变》《我的第一次》《难忘的一个人》《观窗花》《让我试一试》《给地震灾区孩子的一封信》……

生2：我感觉写老师的作文都难写。写老师不好的地方吧，很无聊，没胆量；写老师好的一面吧，又像在吹捧。（生鼓掌认同）

生3：介绍一种水果，不仅要写苹果、香蕉之类的形状、味道、营养价值，还要写它的产地等，很烦琐。

生4：我觉得童话最难写。我已经上六年级了，还写童话作文，觉得很幼稚。

师：可是你觉得郑渊洁幼稚吗？他50多岁时还在写童话，看来在你心中，他是“老顽童”。（生大笑）

生：最难的是写《向你介绍一本书》。

师：这个题目这节课不讨论，大家马上就能在课文学习中解决。我们会遇到几篇文章，像《鲁滨逊漂流记（节选）》《汤姆·索亚历险记（节选）》，学完这一组课文，你就知道怎么介绍一本书了。

生：《让我痛哭的一件事》。这类事留在我的心灵深处，我不想靠近它。（掌声响起）

二、知难而上：选定案例攻坚解难

师：刚才，大家围绕着“难写”这一话题讨论得很有条理，先说了“难写”的作文的种类，接着具体举出了“难写”的作文的例子。现在，我们请听课的老师为我们选一篇文章作为今天要具体攻克的难关。下面，有请福建教育学院鲍教授。

（鲍道宏教授选了《家乡的故事》这个题目）

师：对，这是今年福建省的征文题。这篇文章“难”在哪里？哪个孩子首先向它“开炮”？

生 1：需要的资料太多，感觉自己要变成市长才行。（众笑）

生 2：大家都生活在一起，知道的都一样，没办法写出新意。

师：我知道了，你们害怕“雷同”。（板书：雷同）继续交流。

生：我想写的内容很多，有船政文化、陈旧的往事、家乡的小吃，但是材料越多越不知道如何下手了。（众笑）

师：这就是第二个困难——“内容过多过杂”。（板书：过多过杂）

生：对自己的家乡实在是太了解了，反而成为作文中的一大难题，感觉自己身边的事物都是天天见的，没什么好写的。

师：你说“太了解了”，实际上我认为恰恰相反，因为熟悉所以忽略，你恰恰是太不了解了，所以无话可写。（板书：无话可写）

生：需要查资料，很麻烦。

师：查资料很麻烦，但是写这个类型的作文又太需要资料。（板书：资料）

生：有些东西以前比较好，现在都变坏了，写出来害怕家乡形象受损。但是，如果作文不写家乡好，就不会被选中；如果一味往好的写，又觉得不真实。

师：掌声鼓励。（板书：不真实）看来在你的眼中，家乡并不是一个很可爱的城市。你很矛盾，这样的文章不就是要把家乡写得又美又好吗？要不要写真话呢？这个问题，提得很有水平，切中要害。

生：现在科技非常发达，我能很快了解许多有关家乡的信息，但是不知道该写什么，就容易记成“流水账”。

师：你的困惑也属于“过多过杂”类。继续交流。

生：我觉得不容易把“自己”写入文中。

师：《家乡的故事》，故事里确实应该有你、有我。可是怎么样出现“我”呢？（板书：文中无“我”）这个想法非常特别！

三、化难为易：集思广益群策群力

师：接下来，请大家集思广益，根据板书中的困难类型，自由地针对某一个你能想办法解决的问题，写下你的解决方案。你的困难我来办。三分钟以后，请大家各抒己见。

（生动笔写，师巡视，之后推荐学生代表发言，要求其他同学倾听、速记）

生：我来解决雷同问题。雷同就意味着你写的和别人写的差不多。比如大家都是写南后街、三坊七巷，而且用的材料都一样。这样当然写不出有新意的文章来。要想写出特别的文章，选择的素材就必须是特殊的，要经过细心的筛选。何老师说过一句话——“人无我有，人有我特”，一定要找出最特殊的素材来。

师：解决问题的“关键词”出来了，听出来了吗？

生：（异口同声）筛选。

师：请具体说说你的构思。

生：我写居住这个话题。我过去居住在棚户区。那是一片木头盖的房子。

师：改造后叫什么？你现在还住在那儿吗？

生：苍霞新城。我住在那儿。

师：以前住在棚户区，现在住在美丽的新城。遇到和你一样有这样搬家经历的对手，你准备用什么方法来避免雷同？

生：我用对比的方法写，相信有相同经历的人很多，但是对比中的差异就各不相同了。

（掌声）

生：我要解决第二个问题。在写作文的过程中，如果写得过多过杂，就会有一种怪怪的感觉。我们要从中选出一些比较精彩、特殊的东西来写，不要统统写下来。特别是那些亲眼所见、亲身体验过的。

师：我们的生活丰富多彩，亲身经历过的东西太多，写出来的还是过多过杂，还是没有解决问题。

生：选择最精彩的、最特殊的，抓住一个点。

师：很好，方法出来了，抓住一个点，请你举例子。

生：我准备写小吃。福州的小吃很多，肉燕、扁肉……各种各样，但是我不为所动，专门写拗九粥。

师：只写一个点，放弃其他的，把这个点写清楚了，这篇文章应该会出彩。可是，有的同学就问了——“光写这个点，那其他点怎么办呢？”

生：详写一个点，其他的一笔带过。

师：这就叫详略结合。这样，就可以避免过多过杂。

生：我觉得解决无话可写的问题就要在平时多留心观察。只要你亲身去过、看过，能在作文中揉进自己的情感，写出来的文章就不会空泛了。

师：我来解决第四个问题吧！关于查资料麻烦的问题，有一个很好的办法，就是不怕麻烦。（众笑）

生：关于真实这个问题，我们应该坚持写真实的，而不要编造花言巧语来写家乡的好。

师：是的。不可否认，现在的家乡确实还有不尽如人意的地方。我们如实地写，文章不正好给别人以警示吗？记住，“真实”的背后就是大胆和正直。反映问题的文章也许真的会被呈送给市长、省长，那么，大家提出的建议就有可能被采纳。因此，“真实”是有必要坚持的。请放下心里的包袱，大胆地去写吧，何老师当你坚强的后盾。

生：第六个问题的确不太好办，但也不是没有办法。比如，可以用写导游词或者城市的自述、给市长的一封信等形式来写，文章中就包含了“我”，而且很新颖。

师：这六个问题基本解决了，写《家乡的故事》应该不成难题了。

生：不难。

四、战胜困难：自主选材学写新作

师：既然没问题了，我们就不写了。本节课后的练习，我请大家写一篇论说文——《“难写”的作文怎么写》。（添加板书：怎么写）先说“难写”的作文有哪些种类，再以《家乡的故事》为例，说说可能会遇到的问题，最后将大家的发言结合你自己的好办法写成作文。祝你们成功，写得轻松，把问题说清楚，让更多人受益。

点评·反思

《“难写”的作文怎么写》教学点评

刘仁增

现代教育心理学的发展，使得人们越来越重视学习兴趣在教育教学中的重要作用。古语曰：“教人未见意趣，必不乐学。”然而，兴趣不是学生固有的，而是通过外界事物的新颖性、独特性来满足学生的探索心理的需要引起的。从这个意义上说，如何选择能引发学生兴趣的、新颖的、具有独特性的事物，只能仰仗教师的功力了。在第一个教学环节，何老师十分巧妙地以“旧”显“新”，虽然学生说的都是早已写过多少遍的作文题，似乎没有多少新奇之处，可是，以“难写”的作文作为本次作文的话题来聊，就显出不一般了：一方面具有出奇制胜之效，另一方面又非常适合学生的学习心理，切中学生的作文需要，自然能较好地引起兴趣，打开思维，为后续的学习做好情意准备。

如果说第一个教学环节是泛泛而谈，重在激发作文兴趣，那么，第二个教学环节就是选择“靶子”，意在“解剖麻雀”。这样处理，从表面上看，似乎是为学生完成本次作文提供写作素材，实质上，还暗含着教师的另一个意图，即通过具体例子的分析和解剖，帮助学生发现“难写”作文“难”之所在，进而寻找解决“难写”问题的有效方法。这种融完成当下作文与放眼长远发展于一体的教学，不能不说是一种睿智的选择。

解决“难写”问题自然是本课教学的重点所在，非得“重锤敲打”不可。在第三个教学环节，教学之妙在于：其一，教师把“绣球”又抛回给学生，让他们自行解决其中的一个难点。这样，作文的主动权自然在学生的手中，学生思考解决办法的过程，其实就是开动思维、组织语言、合理表达的过程，大家的集思广益，无疑也比教师的一言堂更易激发学生的学习热情。其二，教师在学生各自发言的基础上，适时地进行归纳总结，让学生从众多繁复的信息中，一下子把握解决问题的要诀，这种寓写法于具体例子的做法，因其具有鲜明的直观性和明确的针对性，无须教师多费口舌，学生一听就会，一看就懂，因而产生了良好的课堂效果。当然，既然是作文指导课，重点还不在于解决的方法是怎样的，而在于学生是如何把解决的办法有序、生动地表达出来的。如果以此观照这一环节的教学，似乎还可以在两个方面做得更好些：一是在每个学生发言时，应重点引导、指导学生把话说好；二是在每个学生分别说完后，需要再请其他学生完整地加以表述。

对于小学生来说，论说文的写作可是一大难点，这是因为他们长期学写的都是记叙文，而论说文与记叙文在写法上有很大的差别，成人写起来还觉得不如记叙文顺手，何况是小学生呢？可是在第四个教学环节中，何老师却水到渠成地抛出这一“难题”。有了之前教学的铺垫，再加上此时教师明确的提纲要求：先说“难写”的作文有哪些类型，再以《家乡的故事》为例，说说可能会遇到的问题，最后将大家的发言结合自己的好办法写成作文。相信学生能顺利完成。但只是简单地提醒恐怕是不够有力的，如果可以重点指导一个段落的写作，即以一个问题为范例，指导学生说、写一个段落，这样可能会更直观、形象些，学生更容易感悟、把握这一新的文体的写作方法。

总的来说，这节课有两点值得关注。

作文选题：推陈出新，出奇制胜。小学生在学习作文的过程中，遇到一些自己觉得难写的题目和内容是十分普遍的。就当下的作文教学命题习惯看，这些学生没有掌握的内容很可能还会在今后的学习、竞赛中遇到，对于学生来说，他们是很希望攻克这些难题的。可长期以来，这似乎未引起我们的重视。这节课的独特之处就在于，老师从学生的心理需要出发，将“难写”的作文怎么写作为作文指导的话题，自然会受到学生的欢迎，进而引发学习的兴趣，可谓眼光敏锐、匠心独运。

作文体裁：敢为人先，勇吃“螃蟹”。不论是语文教材还是作文训练，论说文历来不是小学的学习重点，因此，学生所接触的是大量的记叙文，最擅长的也是记叙文的写作，论说文的训练几乎是一片空白。由于没有这方面的基础甚至是意识，学生升入初中面临论说文练习时，一下子难以适应，常常处于茫然的状态，写起来自然无法像写记叙文那样得心应手。其实，在小学阶段适当进行简单的论说文写作训练未尝不可，一方面打破记叙文“一统天下”的弊端，另一方面又让学生在写作中初步认识论说文的基本写法，为今后的学习打下一些基础。在别人没有涉足之时，何老师却在想他人之未想，做他人之未做，敢于进行尝试，这无疑是值得称道的。

当然，有一点是可以商榷的。学生可能首次接触论说文的写作，肯定困难很大，尤其需要教师在写作方法、语言表达两个方面进行有力的指导，因为这两个方面恰恰是论说文与记叙文最明显的区别。可在教学中，教师注重了作文内容的丰富、写作思维的开拓，但在论说文具体写法上却轻描淡写，一带而过，恐怕给学生的帮助是有限的，大部分学生写起来还是会难以下笔。基于这样的担忧，我建议将论说文的写法列为教学的一个重点，让学生直观、形象地感受到论说文的基本写作方法和构思技巧，为自主选题写作练习做好铺垫。

案例 2

习作的兴趣从哪儿来？

——《特别的自我介绍》教学实录

何　捷

一、贴心的导入谈话

师：一天早晨，我在学校门口遇到了一个小孩子，他哭得很厉害。原来，他的笔盒丢了。他说他的笔盒不大不小，造型很新颖，图案非常美观。请问大家，他的笔盒你见过吗？他能找到自己的笔盒吗？

生1：他只说笔盒漂亮，没有说怎样漂亮，就是找了再久，也是找不到的。

生2：他只说了笔盒很新颖，至于笔盒是什么模样，没有说出来，怎么能找得到呢？

师：老师也很担心，他没有把笔盒的样子讲清楚（板书：讲清楚），恐怕难以找到了。希望大家在今天的课上也要注意把话讲清楚，让人听明白，也希望那个孩子早些把话讲清楚，找到自己心爱的笔盒。

二、宽心的适度定位

师：我们人与人初次见面，要做一件事，那就是自我介绍。老师先来，有个小要求，大家一定要认真听我的介绍，判断其中包含我哪几个方面信息。（开始自我介绍）我的名字很特别，和一位明星同音，但是我的“捷”是“快捷”的“捷”。爸爸妈妈希望我做个迅速、高效、快捷的人。我来自福州，是一名小学语文教师，我的爱好很多，如看书、游泳、画画，特别喜欢教作文。初次见面，请多多关照。

生：老师介绍了自己的姓名、爱好、来自哪里、职业。

（师板书：姓名、爱好、身份）

师：下面轮到大家介绍自己了，初次见面可不要把自己的家底都告诉别人，比如家庭地址、电话号码、爸爸妈妈的名字等。谁会像我这样做个简单的自我介绍？介绍时，把脸朝向人最多的地方，也请大家把目光“唰”地聚焦在他的身上。

生 1：我叫刘珍珍，来自连江县第二实验小学五年级（3）班的一个女同学。

师：“来自一个同学”可不对。能不能说明确一些？

生 1：我来自连江县第二实验小学五年级（3）班，爱好有吹竖笛、体育。

师：吹竖笛和体育能放在一起说吗？改一改。

生 1：爱好有吹竖笛、跳远、跳绳、跑步。

师：这样说就清楚了。

生 2：大家好，我叫吴起坤，来自连江县第二实验小学五年级（3）班，爱好有跑步和看书。

师：文武兼备，看完书跑步，跑完步看书。（众笑）回忆一下，老师说完了这些，还说了一句什么？请你也加上一句结束语。

生 2：初次见面，请多加关照。

生 3：我姓苏名 ××，爱好弹琴、打篮球、打羽毛球。请多多关照。

师：你希望谁关照你呢？

生 3：请何老师多多关照。

师：我一定多多关照。（众笑）

生 4：我是连江县第二实验小学五年级（3）班的陈彩玲。

师：她说的时候语序变化了，与众不同，为这个变化鼓掌。

……

三、动心的情境转换

师：这样的自我介绍谁都会。老师有个担心。下课之后还会记住我的举手。（学生绝大部分举手）一个月后还记得我的举手。（学生举手的少了一些）一年后还记得的举手。（举手的更少了）五年后、十年后呢？二十年后还记得的举手。（举手的寥寥无几）看来这样的介绍还不够，还不能让听的人永远都记住我。下面我们要做个特别的自我介绍，目的是让人长时间，甚至一辈子都记得我们。（板书：特别）怎么进行特别的自我介绍呢？我要先讲个小故事：东晋时的大画家顾恺之曾经为好朋友裴楷画像，在裴楷脸上多画了三根毫毛（一说为胡子）。有人问他为什么这样画，他说这是为了表现裴楷的才识。人们琢磨画像之后，觉得裴楷的肖像格外生动，像活了似的，跃然纸上。听了这个故事，请你想想——为什么顾恺之能把裴楷的像画得这么有神韵？秘诀在哪？

生：他让人物有了特征。（师板书：特征）

师：对啦，特别的自我介绍也就是突出特征介绍自己。课前，老师把自己的特点想了好几遍，运用联想的方法，把这些特点画成了三幅简笔画。你们想看一看吗？好，看后猜猜这三幅画分别代表了何老师的哪三个特征。

生：第一幅是表示老师喜欢吃麦当劳。

师：猜错了，这不能算是特征。

生：是何老师的发型特征。何老师的发型是前额部分中间凸，两边凹进去，像字母M。（掌声响起）

师：对，正是这个原因，我的外号叫“麦当劳大叔”。

生：第二幅是何老师的南瓜脸。

师：我就直说吧，这其实代表我的身体特征。我比较矮，本来应该是矮冬瓜才对，但是我勤于锻炼，身体肌肉也是一块连着一块，就像南瓜。

生：第三幅代表何老师的性格，性情奔放。

师：这是你的发现，何老师还没想到呢。第三幅图是一条大河，一是表示性情奔放；二是表示上课时口若悬河、滔滔不绝，这是工作特点；三是表示我的爱好是游泳，一下班，头也不回地扎到我们的母亲河——闽江游泳，即使冬天也不间断，与寒冷搏斗。记住这三条了吗？好，谁能看图片把我的特点连起来说一说？

生：何老师是福州的一位小学语文教师，他有三大特征，一是身材像南瓜一样，肌肉是一块一块的。

师：打住！这么说下去，何老师没脸回福州了，注意调整顺序。（众笑）

生：何老师是福州的一位小学语文教师，他说自己是“麦当劳大叔”，这是为什么呢？原来何老师的发型像麦当劳的标志。

师：不但勾画清楚，而且编撰了故事。继续。

生：别人一见到他，就联想到大河。这又是为什么呢？因为何老师有三大特征：一是性格豪放；二是上课口若悬河、滔滔不绝，告诉学生许多信息；三是他非常喜欢游泳。所以别人一提起大河，就想到何老师。

师：看来，我就是大河的象征。（众笑）

四、舒心的成功体验

师：接下来，每个人整理一下，想想自己有哪些突出的特征，抓一两个方面，用联想的方法，画成一两幅简笔画，之后再打个腹稿，上台说一说。

（生画时，师巡视，适时个别点评、指导）

生1：我画的是门牙。因为我好几年都没长门牙啦。

生2：这个东西大家一定很敏感，像蚯蚓，其实是我头上的疤。

师：意外受伤，过不久就会好的，这种暂时性的不能算特征。

生3：我画了芝麻。我鼻子上有许多细小的雀斑，所以就画了芝麻。

师：在西方人的眼里，脸上有雀斑是最美的。（众笑）

生4：我画这幅画的原因很简单，我说起话来口若悬河、滔滔不绝，像何老师一样。这样学何老师说，算不算是盗版？（众笑）

生5：因为我速度慢，所以就画了一只乌龟；我希望自己能改掉做事速度慢的毛病，所以就在乌龟身上加上了一对翅膀，成了会飞的乌龟。

生6：大家看我，感受一下我的瘦。但我活泼好动，所以画了只猴子。它在动物中最聪明，又活泼好动，很像我。

师：说话要有条理。能不能用上“首先”“其次”“最后”，把这段话有条理地说出来？

生6：首先，我很瘦；其次，我的性格也像猴子一样活泼好动。因此我选择了猴子作为我的特征代表。

生7：我画画的技术还不是很好。（众笑）我很小的时候，跟小伙伴一起玩，大家发现我头上有两个旋儿，他们说，有两个旋儿的人是坏人。但他们非常友好，经常找我玩抓坏人的游戏，不用说，我当然当坏人了，这是两个旋儿带给我的“好处”。可是，今天从福州来了一位老师，他告诉我，有两个旋儿的人是最聪明的人。

师：送你个外号——“双旋小天使”。（众笑）

生8：我之所以画这个没门牙的画，是因为我的嘴里没门牙，它是个不负责任的守门员，三年了也不见踪影。

……

师：回家后整理一下，自己有哪些特征，多画几幅简笔画，多写几个特点，题目可以叫什么呢？

生：特别的自我介绍。

师：好的，就以它为题吧。问问大家：还记得我吗？我的名字叫——

生：何捷。

师：我的外号是——

生：麦当劳大叔。

师：谢谢，下课。

点评·反思

《特别的自我介绍》教学点评

刘仁增

“课伊始，情已生”是课堂教学所极力追求的。教学导入，犹如一部交响乐的前奏，对学生的情绪调动、课堂的基调营造起着一锤定音的作用。作文课尤其如此。成功的教学导入，教师往往采用电教媒体、小品表现、语言导入、创设悬念等方式设置情境，充分调动学生的思维、兴趣、情感、意志等因素，形成最佳心理状态，产生写作欲望。何老师的这节课，巧妙地抓住生活中的小事，用亲切的话语娓娓道来，创设了一个与本次习作有关的生活情境，让学生不知不觉中明白了“介绍”的首位要素——讲清楚。导入为下一环节的人物介绍做好了铺垫。

《义务教育语文课程标准（2011年版）》在学段目标与内容部分，第一学段称为“写话”，第二、第三学段都称为“习作”，到第四学段才称为“写作”，其目的是降低小学阶段写作难度。这是就整个小学阶段作文教学而言的。那么具体到每一节课，该如何瞄准学生的“最近发展区”，让学生感觉到作文并不是一件“难于上青天”的事情呢？这确实值得我们研究和探索。何老师的这节课，就没有设那么高的门槛，而是以学生熟悉的自我介绍为话题，再通过自己的示范，给学生吃了一颗“定心丸”：今天的作文不难！这样，就打破了作文的神秘感，消除了学习的畏惧感，在这样良好的精神状态下，学生怎么不会心智开放、思维活跃，真正来个“我手写我心”呢？

从心理学角度看，兴趣是伴随积极情感的一种形式。从小学生年龄特征来看，多种形式的刺激、不断变化的方式、多彩的活动，会不断地让他们保持新鲜感。在简单的自我介绍后，何老师开始变换一种形式，先把自身的特点变成几幅简笔画，再进行详细的介绍。这种教学设计是十分巧妙的：其一，画画是一件学生感兴趣的事，在作文课上画画，学生感到十分有趣，这就不断地给学生新的刺激，让学生始终保持对学习的新鲜感；其二，把特点变成画面，是需要进行一番分析、归纳、梳理、概括的，这锻炼了学生的形象思维和抽象思维；其三，有了画面，就等于给了学生一个全面思维、完整表达的支点，学生口述时就有了凭借，说起话来不仅感到轻松容易，而且富有条理，保证了介绍内容的具体、语言表达的生动。

心理学家马斯洛的需求层次理论告诉我们，每一个人都有表现自己并得到别人肯定和赞赏的心理需要，小学生也不例外。满足学生的心理需要是激发学生学习兴趣的不竭动力。当何老师以简笔画的形式表现自己的特点，孩子们的内心也一定想用这一新的形式来表现自己、介绍自己，这应该是何老师课前预设到的，于是，他创设了让学生画、说、评的教学环节，既实现了本次习作教学目标，又满足了学生的心理需求，可谓一举两得，相得益彰。

这堂作文课就像是悠悠飘来的丹桂清香，又像是拂面而至的习习凉风，让人神清气爽，意犹未尽，也留给我们很多的思索。学生之所以能在课堂上表现得神情轻松、情绪激昂、才思敏捷、妙语连珠，都是因为对课堂产生了浓厚的兴趣。可是，这种兴趣从哪里来呢？我以为有以下几点。

1. 源自贴近现实的习作话题

兴趣是在初步感知的基础上产生的，正如教师觉得有意义的话题却不一定能引起学生的感情共鸣一样，某些在过去被人们所推崇的事物由于时代的隔阂却难以激起学生的热情，甚至还会遭到他们不屑一顾的鄙视。教师在确定作文话题时，若能从孩子的心理出发，找准能够激发学生写作文的欲望的主题，使所定的主题尽量接近学生所能耳闻目睹到的现实范围内，不仅可以加深学生对现实的理解，还会由于所要写的是同时期发生的事情，而让学生有了写作兴趣产生的心理情感基础，从而变被动的“要我写”为主动的“我要写”，这样写作的训练过程无疑也顺利而有意义得多。这节课是十分贴近学生生活实际的，学生见过、听过甚至做过自我介绍，这就有了一个情感的共鸣和生活的基础，对说、写就不会感到高不可攀了。“特别”两字，又无疑暗示学生，本次习作不同于生活中常见的自我介绍，这就容易引发学生的好奇心：自我介绍还有特别的？什么样的自我介绍算是特别的？究竟它特别在哪里呢？在这样的心理驱使下，学生自然兴趣盎然，情绪高昂。

2. 源自富有创意的训练形式

古语曰：“教人未见意趣，必不乐学。”何况小学生都是“兴趣至上”的。如果习作教学总是按着“审题、选材、构思、作文、修改、定稿”这套老模式来进行，恐怕是难以激发学生的兴趣的。看来，精心设计富有创意的教学形式，吸引学生的眼球，让每个学生“怦然心动”，这是至关重要的一步。《特别的自我介绍》这节课，显然在这方面是动了心思，费了脑筋，下足了功夫的。在师生进行习以为常的自我介绍训练，大家感到视觉疲倦之际，教学进程突然来了个峰回路转：教师充当“模特”角色，把自己身上的特点通过三幅画来表现，这犹如神来之笔，赋予“自我介绍”以新的元素，让人眼前一亮，大大激发了学生的习作热情。接着，教师又引导学生也把自己的特点先画成简笔画，再说出来，习作课堂上可以像美术课一样动手画画，学生能不格外来劲吗？就这样，学生在活动中享受快乐，在快乐中激活思维，习作成了游戏，成了乐趣，此时此刻，“说”已成为他们的内在需要，如鲠在喉，不吐不快了。

3. 源自亲切幽默的教学魅力

不论从生理还是从心理上，要求学生在一节课四十分钟内始终保持高度的注意力和强烈的兴趣是根本不可能的，因此，有经验的教师总是采用多种方法，促进学生有意注意与无意注意的调节与转换。丰富多样的教学用语就是一种行之有效的手段。何捷老师的课堂语言，幽默风趣，又不失灵动。当学生表达不准确时，何捷老师说：“这么说下去，何老师没脸回福州了。”当学生说得好的时候，何捷老师说：“看来，我就是大河的象征。”“送你个外号——‘双旋小天使’。”这些话语犹如润滑剂，给课堂带来了活跃的氛围，给学生带来了欢乐。也许正是受到教师生动有趣的语言的感染吧，学生的发言也是妙语连珠，精彩纷呈：“这样学何老师说，算不算是盗版？”“我的嘴里没门牙，它是个不负责任的守门员，三年了也不见踪影。”这正如苏联教育家赞科夫所说：“只有在学生情绪高涨，不断要求向上，想把自己独有的想法表达出来的气氛下，才能产生出使儿童的作文丰富多彩的那些思想、感情和词语。”

4. 源自心理需要的充分满足

激发学生的写作兴趣还要让学生看到自己的进步。因为每一个人在心灵深处都有一种欲望，那就是表现自己美好的一面，展示自己的个性才华，活得有价值、有意义。作为成年人，可以在工作、生活等各个方面表现自己，机会相对较多，而以学习为主要任务的小学生，学校、课堂自然就成了展示自己的最佳舞台。从这个层面上来看，学生去学校上课，与其说是去学习知识，不如说是去展示自我，如果在学校、在课堂上，他们的愿望得不到满足，那么，他们就会觉得不快乐，就会觉得没意思，学习就成了一种负担，这恐怕也是许多学生厌学的原因之一吧。这节课就充分关注了学生的这种学习欲望和心理需求，创建了多种多样的机会和平台，如模仿老师介绍自己，看老师的画猜老师的特点，给自己的特点画画，展示画面表达画意，等等，再加上老师幽默风趣、生动形象的鼓励、点拨、矫正，课堂气氛活跃，师生对话热烈，学生感受到的是成功的喜悦，体验到的是表现的快乐，怎么不个个神采飞扬，人人兴趣盎然，洋溢自信的微笑呢？

5

王 文 丽

记住这四个“别忘了”，老师才能真正成长

王文丽，北京市东城区教育科学研究院语文教研员，正高级教师，北京市语文特级教师，教育部“十四五”中小学幼儿园教师国家级培训计划专家，北京市小学语文教学研究会副理事长，全国优秀教师，北京市劳动模范，北京市先进青年知识分子，在北京市阅读教学大赛中获得特等奖；从教多年，植根课堂，潜心研究教学，其先进的教育教学思想和娴熟的教育教学技术受到专家的大力肯定和一线教师的热烈欢迎；曾经成为《中国小学语文教学论坛》《小学青年教师》的封面人物，应邀到全国各地讲学千余场，著有教学专著《走近王文丽：语文让我如此美丽》《课堂飘香是茉莉》《给孩子上阅读课》等。

名师故事

记住这四个“别忘了”，老师才能真正成长

王文丽

我做教师，最初是父母的选择。他们都是小学教师，父亲教音乐，母亲教数学，他们联手决定了我的命运，在我十六岁那年，“逼”我考进了师范学校。

初登讲台，我仍然感受不到做教师的乐趣，每天像个被抽打的陀螺，不停地转着，我疲于应付着一件又一件琐碎不堪的事情，想到自己一辈子就这样过下去，心里充满了悲戚。

在一些报告会上，听那些有着几十年教育生涯的教师说，如果有来生，他们还会选择做教师，我惊得下巴都快掉了。我想：他们不是疯了，就是在说假话。如今，我和他们一样，也在这条路上走过了 25 年，我发现，原来他们说的都是真的，假如真有来生让我选

择，我也依然会选择做教师，而且一定是小学教师，小学语文教师。这真的是一件太美妙、太令人享受的事情。

近30年，我逐渐感受到教育力量的伟大、教育者的伟大。一想到自己所做的一切会和一个孩子或一些孩子的命运紧紧联系在一起，甚至会改写他或他们的人生，我就会激动不已，深感责任的重大。

作为教师，你所给予学生的教育方式，就是你对于生命的理解的体现——说得通俗一点，就是你觉得人生最宝贵的是什么，你就会不由自主地期待你的学生得到什么。假如你觉得分数最重要，你就会设置考试的魔咒；假如你觉得自由最重要，你就会开拓广阔的空间；假如你觉得生命最重要，你就会教你的学生懂得珍惜和热爱。

一、别忘了我们也曾经是孩子

我时常想：6至12岁的孩子在学校里最期待的是什么？是获得知识、提升能力，还是受到教育？恐怕都不是。儿童最期待的是得到爱，得到关注、赏识、鼓励。说到这里，我就会想起十几年前到其他区的一所小学去上课的事。

那天，课刚刚开始几分钟，我就发现一个小男孩特别聪明、特别活跃。几乎我问的每一个问题他都可以不假思索地回答出来，而且答案完全正确；只是他好像不习惯举手、起立回答问题，总是坐在位子上张口就说。我一直微笑着注视他，找准时机对全班同学说：“我发现咱们班有个同学简直太优秀了，我猜，他是班长吧！”

同学们显然知道我说的是谁，一齐喊道：“不是——”

“那他一定是学习委员！”

“不是！老师，他什么都不是！”有人肆无忌惮地大喊着，有人扭过头，冲着他乐……

其实，我是完全预料到眼前这一切的，我知道像这样的孩子一般不会成为班长或者学习委员：他们在集体中通常是不受欢迎的人，甚至是被嫌弃的。当然，我之所以这样猜，只是为了留个伏笔。

“虽然，他还不是班长和学习委员，但是在我的眼里，他太优秀了，因为他知识广博、思维敏捷、口齿清楚。我觉得，要是他每次回答问题时能够举手、起立，那他简直堪称完美！”

接下来，我发现，在后面的学习中，这孩子果然改变了。他总是端端正正地举起手，眼神里流露出极为认真的表情。下课之前，我问：“同学们，你们还有不懂的问题吗？”在大家一起喊着“没有了”的时候，他又一次举起了手。我请他质疑，他支吾了一下，问了一个相当简单的问题，而且是课上我明明讲过的问题。我虽然有点不解，但还是认真地回答了他。

下了课，我和他所在学校的校长说笑着向外走，他从后面一边喊着“王老师”，一边小跑着追上了我。他用大眼睛瞟了一下校长，把我拉到一旁说：“王老师，我想和你说个秘密。”“什么秘密？快说来我听听！”我赶紧弯下了腰，心里有暖流涌过，为他给予我的特别的信任感动。他伏在我耳边小声说：“您讲得特别好！我都听懂了。其实我什么问题都没有了，我就是想举手再被你叫一次，再听你表扬我一次。”我无法抑制自己的情感，鼻子里酸酸的，伸出双臂紧紧地拥抱了他。

二、别忘了学生才是课堂的主人

因为工作关系，我得以经常走进其他教师的课堂。我发现很多教师喜欢在课堂上表现自己，课堂成了教师的“秀场”，坐在下面的孩子成了观众或者道具，配合着台上的教师。他们从不敢把自己当作主人，因为老师始终把他们当作点缀。在这样的驯化下，孩子的迎合就变得自然而然了，这是多么可怕和可悲的事情。

某一年，我借班上课，下课后一个女生拿着本子找到我，让我签名。我笑了，忍不住逗她：“你希望我在本子上写上一句什么话送给你呢？”她想了想，很认真地说：“老师，我是这个班的班长，您就写‘这堂课，你们班配合得很好’吧！”那一瞬间，我的心里难过极了，不知道该怎么去面对她如此庄重的眼神。

的确，很多时候，在孩子们的意识里，他们在课堂上的“学”是为了教师的“教”服务的，是为了配合老师的。于是老师也就想当然地享受着这样的“福利待遇”：希望学生说什么，学生就顺着说什么。你也许会看到学生积极地举手，热烈地讨论，甚至激烈地辩驳，但是有谁知道，那一切都是为了让台上那个被称作“老师”的人满意呢？

记得商友敬老师在他的《我有一个梦想》一文中说：“我梦想所有的学生都爱他的老师，不是害怕，不是崇拜，不是感恩，也不是迎合和奉承，而只是爱，单纯的爱。”可是，孩子们的单纯到哪里去了呢？是有人偷了它们吧？那是谁，如此不堪？是有人赶走了它们吧？那又是谁，如此暴虐？我不禁“头涔涔而泪潸潸”了。所以，面对那些从骨子里尊重学生的人，我是肃然起敬的，我相信他对教育、对教学同样是抱有虔敬之心，才会耐得住寂寞、耐得住学生的“不配合”。

某次听课，一位年轻的女教师讲《汉乐府·江南》：“江南可采莲，莲叶何田田。鱼戏莲叶间。鱼戏莲叶东，鱼戏莲叶西，鱼戏莲叶南，鱼戏莲叶北。”

江南又到了适宜采莲的季节了，莲叶浮出水面，挨挨挤挤，重重叠叠，迎风招展。在茂密如盖的荷叶下面，欢快的鱼儿在不停地嬉戏玩耍，一会儿在这儿，一会儿又忽然游到了那儿，说不清它们究竟是在东边还是在西边，是在南边还是在北边。

老师请学生想象：“小鱼是怎样嬉戏的呢？”

一个学生说：“两只小鱼你追我，我追你，好像在捉迷藏呢！”

另一个学生说：“鱼儿生活得特别自由，它们想游到哪里就游到哪里，一会儿在东边发呆，一会儿在西边吐泡泡，一会儿去南边会朋友，一会儿到北边串亲戚。”

就在大家兴致盎然，聊得正带劲的时候，一个学生紧皱着眉头，高高地举手，示意老师他有问题。老师请他讲话，他说：“老师，如果按照同学们这么说的话，我觉得这篇课文的插图有问题。”

“哦？什么问题呢？你说说看。”

“插图上采莲女的船上堆满了莲蓬，可是她们已经被小鱼的嬉戏吸引住了，从东看到西，从南看到北，怎么还会有时间采莲蓬呢？船上应该是空的才对啊！”

老师笑了：“如果让你来画插画，你一定会画一只空船，对不对？”

“嗯。”

“那有没有人觉得，其实船上画了很多莲蓬也没有错呢？”

“老师，我觉得这样画也是可以的，因为诗中说‘莲叶何田田’，‘田田’就是荷叶茂盛的样子，有那么多的荷叶，自然莲蓬也有很多，也许采莲女是已经采完了莲蓬才开始看小鱼游戏呢！”

“又或许她们一边采莲蓬，一边看小鱼嬉戏。”学生中间发出了第三种声音。

老师依旧波澜不惊地笑着，她温婉地说道：“孩子们，你们真了不起！你们对诗歌有自己的想象和理解，这非常可贵，知道吗？最好的画面不是在课文的插图上，而是在你们的脑子里。”

听到这里，我从心里喜欢上了这位年轻的女教师：巧笑嫣然的练达、四两拨千斤的轻盈，尤其是对儿童的尊重，让人觉得整堂课都那么和谐，像一幅流动着的水墨画，润、美……

三、别忘了我们是一群有专业素养的人

某日借班上课，我对学生说：“今天，我和大家一起上一节语文课。你们对我这个人一定很陌生，有什么想了解的，现在就可以问一问。”

一个孩子问：“您叫什么名字？”

“我叫王文丽，‘文’是文化的文，‘丽’是美丽的‘丽’。这个名字是我父亲给我起的，你知道他为什么给我起这样一个名字吗？”

“我猜他一定是希望您又有文化又美丽！”

“哈哈，你真了不起！特别善于听别人讲话，也特别善于思考。你说对了！”

“老师，我想知道您几岁了。”她的问题引来了台下听课老师的笑声，大概是觉得女人的年龄是个秘密，不想童言无忌，却要我在众人面前坦白这个问题。

我也笑了，打趣地说：“我今年 23 岁，你们觉得我说的是真话吗？要是在判断的同时还能讲出你的依据，就更不简单了！”孩子们争相把手举了起来。

第一个孩子说：“您说的是假话。您像四十多岁的，因为您的脸上已经有皱纹了。”

“哇，你真善于观察，岁月总是会在人的脸上留下印记，这是无可回避的事实，也是自然规律。”

第二个孩子说：“我也觉得您像四十多岁的，因为您的穿着看上去很老气。”话音未落，老师们又笑上了，笑声比刚才还要响。

“你是一个多么直率、多么诚实的孩子，我喜欢！不过如果是

我，为了不让对方难为情，我会说得比较委婉。你能把‘老气’换成别的词语来说吗？”

她停了几秒钟，说：“您的穿着看上去很成熟。”这回，台下响起的不是笑声，而是热烈的掌声了。

我也满意地冲她竖起了大拇指，同时进一步发问：“所有的人都认为我说的是假话吗？”

一个孩子坚定地把手举了起来：“老师，我觉得您说自己23岁是真的，因为您没有说这是生理年龄，还是心理年龄。从您的笑容和声音上判断，我认为您就是23岁。”……

下课了，有位老师跟我说：“王老师，您今天的课前互动太精彩了，您是怎么设计的？”

我想了想说：“用专业的态度、专业的情意做专业的事，无须设计，如此而已。”

很多教师上课的时候，特别希望学生都能够按照自己的预设来回答问题。殊不知，学生不按常理出牌，恰是最考验教师智慧和专业素养的时候，也常常是课堂上最精彩的桥段。

某日，一位一年级老师讲识字课，出示了生词卡片“军舰”，请学生连读了两遍。接下来老师出示了一幅画着军舰的图，问道：“看到这样的军舰，你有什么样的感受？”

一个学生回答：“我觉得军舰特别牛×。”

老师愣了一下，但很快恢复了常态，她笑容可掬地说：“我明白你的感受是什么，不过你用的这个词语不够文雅。哪个同学和我一样也懂得他的感受，但是可以换一个词语来表达呢？”好几个孩子争相举手。

一个学生说：“这艘军舰可真壮观。”

又一个学生说：“这艘军舰可真雄伟！”

还有一个学生说：“这艘军舰可真有气势！”

老师一一点头表示认可，转向第一个回答问题的孩子：“你能从他们说的词语里选择一个重新来说一说你的感受吗？”孩子学着别人的样子说了一遍，表情很愉悦。

我一直觉得，语文教师既是学生学习语言的示范，也是学生语言学习的医生。窦桂梅老师说：“我们是教母语的，我们是教孩子母语的，我们是用母语教孩子的。”作为语文老师，要对语言有一种超乎寻常的敏感，这是专业素养，也是对自己专业的虔敬之心、对学生发展审慎负责的态度。

教师的专业意识比教学设计更重要，面对学生的词不达意，教师要及时指导、点拨和纠正，才没有辜负语文教师的职责。

四、别忘了有时候孩子也是我们的老师

某年秋天，我和北京市东城区培新小学的学生一起上课外阅读整本书——《一百条裙子》的导读课。

下课不久，就收到了张校长转来的一条短信：“王老师，您好。我是五（1）班的学生郑伊然。我非常喜欢您的语文课，也很期待拥有这本《一百条裙子》。我有个问题请教您：课上同学们讨论女孩子们知道了事情的真相后会怎样做的时候，有人说要捐几条裙子给旺达，我觉得‘捐’字用得不好，因为会更加伤害她的自尊心；如果换成‘送’，就会让人感觉更平等。您说呢？”

这短信让我心头一震：该是怎样一个灵秀、聪慧的孩子，才能对语言有着这样超乎寻常的敏感呢？我记得当我听到孩子们如是说的时候，我只是肯定了他们的爱心，却忽略了言语的表达。“捐”和“送”，一字之差，但带给人的心理感受是完全不同的。一个对生活

有着细腻体验和感受的人才会对语言表达有着如此准确的判断，这孩子，了不起。

那天，我想了很久，教师的职责是“教”，要明白为什么而教、教什么以及怎么教。可是，教师也必须要放下身段来学，向书本学，向同行学，向学生学。在几十分钟的课堂上，你虽然知道可能会发生什么，却无法预知那些妙不可言的细节或是突然出现的波澜。永远不要轻视任何学生，每个人的内心都可能藏着花鸟虫鱼、日月山河，藏着你没有看到的风物。郑伊然，堪称我的老师。

孩子让我日渐懂得，教育就是一个人格感染人格、智慧孕育智慧、激情点燃激情的过程，教育也是师生共同成长、发展的过程，是师生相互成就、相互辉映的过程。

在这个过程里，我享受到了人生的纯粹与美好。在自己活得美好的同时还能使别人活得更美好，世界上还有比这更值得投入的事情吗？

对话

问：对您影响最大的一本书是什么？为什么？

答：是生活这本大书。这本书中，有时我是读者，有时我是作者。做读者时，把别人的人生当注解；当作者时，把自己的人生当正文。

问：对您影响最大的教育大家是谁？您最欣赏或景仰他什么？

答：陶行知。欣赏他提出的“生活即教育”“社会即学校”“教学做合一”三大主张。

问：对您启发最大的两句教育名言是什么？

答：“先生不应该专教书，他的责任是教人做人。学生不应该专读书，他的责任是学习人生之道。”“人像树木一样，要使他们尽量长上去，不能勉强都长得一样高，应当是立脚点上求平等，于出头处谋自由。”这两句话都出自陶行知先生之口。

问：您教学观中的关键点有哪几点？

答：①爱可以使所有的教学手段增值。②教师要尊重、关爱、包容每一个学生，善于营造和谐的氛围，帮助学生确立通过努力可以达成的目标。教师的教学方式要服务于学生的学习方式。③教材是个范例，教师要充分发掘出这个范例的教学价值，为学生的语文学习服务。

问：您心目中理想的语文教师是什么样的？

答：①眼中有人，心中有情，脑中有智，手中有法。②爱生活、爱读书、爱写作、爱上课。

问：您上过的最满意的两堂语文课是什么？简要总结其特点。

答：为什么只是两堂课？工作二十多年，我不能说上过的每一节课都最满意，但是我力求把课上得扎实、平实、充实、真实。

问：您写过的最满意的三篇语文教学论文是什么？

答：我很少写教学论文，人们说“杂交水稻之父”袁隆平把他的论文写在了稻田里，写在了大地上，所以，我决意把论文写在每一天行走的课堂中，写在每一天都成长着的学生的心中。

问：您通常怎样战胜挫折和困难？

答：积极地努力，保持平和的心态，即“尽人事，听天命”。

问：您取得优秀成果的主要经验和体会是什么？

答：成果不在纸上，成果在课堂上；成果不是论文和专著，不是头衔和荣誉，而是把学生教育好的快乐，看他们从成人到成才。

问：请评价一下您自己的性格特点。

答：多重性格。在领导面前，沉稳寡言；在朋友面前，率真无忌；在家人面前，时而不着调，时而很严肃，时而很强大，时而很柔弱……

问：您的业余爱好是什么？

答：①和家人或者朋友吃饭，不要求环境多好，不要求品质多高，只要对面坐的是喜欢的人，嘴里吃的是合口味的东西。②唱歌、听戏、看电视剧。

问：您的人生格言是什么？

答：在人的本性中，有一种倾向——我们把自己想象成什么样子，就真的会成为什么样子。

问：您认为好老师应该是什么样的？

答：首先是好人，还要有好的学问。

问：您最喜欢什么样的学生？

答：我没有选择喜欢什么样的学生的权利，但我希望通过我的工作，使他们都喜欢我，进而喜欢我教授的功课。

教学智慧

我的语文教学主张

王文丽

我曾经听到，一位年轻的教师面对一群陌生的学生这样导入新课：“同学们好，我的名字叫付媛。如果你们快一点叫我的名字，会发现好像在叫‘服务员’。我好喜欢这个名字，因为我就是你们学习的服务员。”是啊，教师的教学必须是为学生服务的，要通过自己的劳作使学生成为完整的人。

第一，教师应该爱学生，怀有对生命的虔敬之心和悲悯之心爱每一个孩子。无论贫富贵贱，无论聪颖愚钝，每个孩子在教师的眼中都应该是值得呵护的自然界的一个生灵。他们或是一朵花，或是一棵草，但都有属于自己的姿态和颜色。唯有没有任何功利色彩的爱，才可以让他们如沐阳光雨露，舒畅自由地成长。以爱育爱，以情移情，学生对教师回报的一定也是爱——不是崇拜，不是感恩，而就是爱，纯粹的爱。互敬互爱的课堂一定是极具生命活力的和谐的课堂。

第二，教师本身要“成为”语文。学生学语文，不是只跟书本学，那个手捧课本站在讲台上的教师本身就应该代表语文。她悦耳的吟咏诵读、端正美观的粉笔字、行云流水的文章，都会成为学生学习语文的最好的范例。教师对学生的这种影响是潜移默化的，是浸润，也是榜样的力量。有人说，教师要把学生教育成什么样的人，自己首先要成为什么样的人，语文教育同理。

第三，教师的身上要有“后光”。夏丏尊曾经这样评价李叔同：“李先生教图画、音乐，学生对图画、音乐，看得比国文、数学等更重。这是有人格作背景的缘故。因为他教图画、音乐，而他所懂得的不仅是图画、音乐；他的诗文比国文先生的更好，他的书法比习字先生的更好，他的英文比英文先生的更好……这好比一尊佛像，有后光，故能令人敬仰。”语文教师不仅应该具有精准的专业知识和学科素养，还应该具有深厚的文化底蕴。越是学识丰富、学养深厚的教师，越善于把握生成，善于引导学生走向彼岸，甚至把学生的错误变成教学资源，课堂高潮迭起，师生的共鸣频繁、强烈。

第四，教师要教给学生学习的方法。教师除了要教给学生知识和技能，还应教给学生独立获取知识的方法和能力，教学生学会学习，使得他们能够不断地获取新知识，即便离开了老师，离开了课堂，他们也还能够自主地学习、成长，满足自身发展的需要。打个比方：教师传授给学生的是点金术，而不是送给学生一块块金子，因为金子总有用完的时候，而点金术则会在需要的时候随时发挥作用。

第五，教师要教给学生一生有用的语文。小学语文教学应该坚守这十个字——“字词句段篇，听说读写思”。学生学习语文的最终目的是走向生活，要让学生习得的东西对他的一辈子都有用，如学会阅读、学会表达、学会思考、学会交际……有用的就是有价值的，有价值的就是值得付出的。学生向我们教师学习语文，倘使学到的只是能够应对眼前考试的东西，而对将来的生活毫无用处，的确不仅是学生的可悲，也是教师生命的耗费。

教学实践

案例

幸福而有激情的课堂

——《寻隐者不遇》教学实录

王文丽

一、知内容，明诗意

师：同学们，你们好！我们在平时的语文学习中，常常会遇到古诗的学习。我们知道，中华民族有着悠久的历史和文化，古诗就是其中的一颗闪闪发光的明珠。不知道你们有没有注意过，很多古诗所描述的情境都像一幅画一样，所以也有人说：诗就是画，画就是诗。下面我就来考考你们：你们能说出下面几幅画对应的是哪几首诗吗？

（生猜诗，背诵《望庐山瀑布》《望天门山》《饮湖上初晴后雨》《小儿垂钓》几首诗）

师：同学们，刚才我们是对照画面猜诗、背诗。假如不给你画面，而是给你古诗，你还能把它变成生动的画面吗？

（大部分学生摇头，有学生边举手边说：“能！”）

师：请这个同学来说说，你怎么把古诗变成画儿。

生：我会把古诗里有的景物画出来，比如说有小草我就画小草，有小鸟我就画小鸟。

师：你可真聪明！要把古诗变成画儿得抓住古诗中描写的景物。可是，咱们所说的这个画可不是在纸上画画。那是怎么回事呢？今天王老师就来教大家一种读懂古诗意思的方法——把“话”变成“画”。谁知道这里的“话”指的是什么？

生 1：说话。

生 2：不是说话，是诗的内容。

生 3：是诗中的语言文字。

师：你说得真准确！这个“话”就是诗文，就是诗中的语言文字。那么“画”呢？

生：画面。

师：是真的要大家动笔画画吗？

生：不是，是在头脑中画画。

师：依据文字描述的情景，在头脑中画画。假如你还能够把这画面用语言描述出来，那就更了不起啦。今天我们就以《寻隐者不遇》这首诗为例，学习把“话”变“画”来理解古诗意思的方法。请大家自己读这首诗，注意读准字音，同时想一想这首诗讲的是什么意思。不懂的地方一会儿提出来。

（生自由读，同桌检查读，教师指名读）

师：有哪些地方不太明白，现在可以提问。

生：“寻”是什么意思？

师：谁能够解答他这个问题？

生 1：“寻”是寻找的意思。

生 2：我觉得他要寻的隐者是一个人，不是一件东西，所以不应该用“寻找”，应该用“寻访”。

师：你真会思考和比较，一个“访”字就显示出了作者对隐者的——

生 1：礼貌。

生 2：尊敬。

师：那么，什么样的人叫隐者呢？

生：就是隐居在山林里的人。

师：这样的人往往有一颗淡泊的心，有一份宁静的情感。

生：老师，我不懂什么叫“不遇”？

师：“不遇”就是没有遇见。谁能把这个题目完整地讲给大家听？

生：贾岛去寻访一个山中的隐者，但是没有遇到。

师：“但是”这个词用得很好，表示意思的转折，本来想访问人家，结果没有遇到。还有不懂的地方吗？（生摇头）谁能把这首诗的大致意思讲给同学们听啊？

生：贾岛到山里去寻访一个隐者，可是只见到了隐者的徒弟，一个小童子。小童子说师父采药去了，就在这座山里，但是云彩太多了，不知道他到底在什么地方。

师：谢谢这个同学清楚的表达。可是我有一个问题：诗中并没有说这个小童子是隐者的徒弟啊，你为什么这么讲？

生：“言师采药去”里面的“师”应该是师父的意思，所以我觉得小童子就应该是隐者的徒弟。

师：能够从文字中找到自己这样说的依据，你很了不起。（问全班同学）刚才这个同学解释，“云深”就是云彩太多了，你们完全同意吗？

生：我觉得是云彩太浓了，太厚了，当然也很多，所以看不见师父到底在什么地方。（众笑）

师：这样一说就更准确了。接下来请每个同学都试着说说这首诗的意思。（生自由说）

二、提问题，想画面

师：说到这里，好像这首古诗我们已经读懂了，其实还远远

不够。不信，你们看第一句，老师还有好几个问题要问呢！（出示课件）

★贾岛在什么样的松树下面？他遇到了一个什么样的童子？他怎样问那个童子呢？请你来想象并描述一下。

生：贾岛在一棵古老苍翠的松树下面，遇到了一个正在闭目养神的小童子，于是他给小童子深施一礼，问道："小童子，你的师父到哪儿去了？"

师：你们听，他多会想象，多会表达！"古老苍翠"说出了松树的特点，"闭目养神"点出了小童子的神态，"深施一礼"则表现出了贾岛的动作，多好啊！就这样沿着问题来想象和表达，谁的脑海里还有不一样的画面？

生：贾岛在一棵高大茂盛的松树下面，彬彬有礼地问一个头扎着发髻的胖乎乎的小男孩："请问，你的师父到哪儿去了？"

师：你怎么知道这个小男孩扎着发髻呢？

生：书上插图里画着哩！（众笑）再说，我从古装电视剧里看到的小男孩就是这个样子的。

师：看来，看书上的插图，看电视剧，都能够帮助我们更好地学习语文。接下来，请大家针对后面几句诗来提问，看看还能问出什么样的问题。

生1：小童子是怎样回答的？

生2：山什么样？

生3：山中都有什么？

生4：隐者什么样？

生5：隐者怎样采药？

生6：采些什么药？

师：下面就请大家选择你们提出的一两个问题，静静地思考、想象，两分钟后我们来汇报，看谁想象得合理，描述得清晰。

（生静静地思考2分钟）

师：按照诗文的顺序，谁先来说说小童子是怎么回答贾岛的提问的？

生：小童子急忙还一个礼说：“我师父到山中采药去了。”（边说边做动作）

师：这个小童子真有礼貌！

生：小童子仰着头，指着远处的山说：“我师父到那座山上采药去了。”

师：这里山挨山，山连山，简直分不清是哪一座，不过，师父就在这里采药，只是云雾弥漫，找寻不到踪迹啊！那么，师父什么样？怎样采药？在什么样的山中采药呢？

生：师父长着白眉毛，留着白胡子，眉开眼笑，唱着山歌走在山路上。

师：好一个仙风道骨的师父啊！这简直是神话传说中的老仙翁啊！

生：师父非常和蔼，身穿长袍，脚踏草鞋，肩背药筐，手举药铲去采药。

师：这个同学前几个用词非常精当，穿、踏、背，我很欣赏。后面的“手举药铲”，我觉得改为“手持药铲”会更好，你说呢？（生点头表示赞同）

生：师父是一个鹤发童颜的老人，他一会儿蹲在草地上小心翼翼地挖人参，一会儿爬上峭壁去采灵芝。

师：这山里的好东西可真是不少，又是人参又是灵芝的。（众笑）当然，这也说明同学们的知识非常丰富，知道这都是些名贵的药材，能治病。你刚才用了一个词来形容这位老人——鹤发童颜。你知道它是什么意思吗？

生：就是头发白了，但是脸色很红润。

师：是啊，就是形容老人的气色特别好。

师：师父要是采药时累了，该怎么办呢？

生1：师父采药累了，就躺在大青石上休息一下。

生2：师父采药累了，就躺在草地上休息一下。他可能会闭目养神，也可能会望着天上的白云发呆呢！

师：师父要是渴了、饿了，该怎么办呢？

生：师父要是渴了就喝点矿泉水，饿了就摘点野果充饥。

师：你知道师父喝的是什么牌子的矿泉水吗？（众笑）

生1：没有牌子，就是山里的水。

生2：是纯天然的。

师：谁能够完整地描述一下我们头脑中这么生动的画面？

生：师父休息时，有小鸟在枝头唱歌，有蝴蝶在身边飞舞；师父喝水时，还有小鹿在旁边看自己映在水中的倒影呢！

师：这位师父的生活多么悠闲自得啊，不为世俗所干扰。小童子虽然没有给我们描述师父如仙人一般的生活，但是他自己是完全可以想象得到的，你们说，他说这话的时候该是怎样的语气呢？

生1：高兴。

生2：骄傲。

生3：得意。

师：请你们再读读这首诗，体会那个小童子高兴、骄傲甚至有

些得意的感情。（生练习读诗）

三、入诗境，悟诗情

师：同学们，你们通过想象使画面越来越丰富，越来越生动。请你们结合题目再来想一想：贾岛寻隐者的结果是没有遇上，但是当他想象出原来隐者过着这样一种生活的时候，他会怎么做呢？

生：贾岛把棋盘摆在石桌上，一边和小童子下棋，一边等着隐者回来。

师：总之非要见上一面，因为毕竟为拜访而来。可以这样想。

生：贾岛坐在松树下，和小童子聊天，进一步地了解隐者的生活。

师：这棵大松树可派上用场了，它再一次进入了我们的视野，那一片绿荫给贾岛和童子提供了聊天和休憩的场所。

生：贾岛让小童子拿来纸笔，即兴写下了《寻隐者不遇》这首诗。

师：想得妙啊！或许这首诗就是这样即兴而作，一挥而就。

生：贾岛背着手，站在松树下，望着远处的山，陷入了沉思。

师：虽然我们不清楚贾岛到底在想些什么，但是我们知道今天的寻访对他触动很大。

生：贾岛辞别小童子，迈着轻盈的步子走入密林，他要去寻找隐者的踪迹。

师：贾岛是非要找到隐者这个人不可吗？

生：不是，我觉得他是向往隐者的生活，他也想过隐者这样的生活。

师：这样的生活少了世俗的烦扰，所以贾岛寻访隐者不遇，非但不失望，反而心情愉悦，充满了向往。

四、明方法，重训练

师：同学们，最初我们理解这首诗的意思的时候，只是说“贾岛到山里去寻访一个隐者，可是只见到了隐者的徒弟，一个小童子。小童子说师父采药去了，就在这座山里，但是云太深了，不知道他到底在什么地方”。现在我们在这样理解的基础上，针对诗句中的文字提问题，结合问题来想象，使得我们真正读懂了这首古诗的意思，自然而然地体会到了诗人的情感。看来，把“话”变成“画”真的是读懂古诗意思的好方法。我们再来看另一首古诗，你还能够用这个方法来学习吗？

（师出示杨万里的《宿新市徐公店》，讲解大致意思，然后请学生结合诗文提问）

生 1：小路是用什么铺成的？

生 2：儿童用什么来捕捉蝴蝶？

生 3：他们是怎样在菜花中寻找的？

师：请结合自己提出的问题在理解诗句的基础上进一步想象画面，用三两句话写下来。

（生思考写话约 4 分钟，然后汇报）

生：一个叫杨万里的诗人住在新市一个姓徐的人开的店里。一天早上，他走出门来，想呼吸一下新鲜的空气。眼前的景色把他牢牢地吸引住了。只见有一条石子铺成的小路沿着稀稀落落的篱笆伸向远方。

师：他给大家开了个好头儿，谁能接着往下说。

生：小路两边的桃树啊、杏树啊，枝头上已经抽出了新叶，却没有形成浓密的树荫。几个孩子正在捉蝴蝶，他们用衣服扑，用网子罩，一会儿快步跑过去，一会儿又悄悄靠近。可是蝴蝶聪明极了，飞进了菜花丛里，他们就再也找不到它了。

师：要是我来写这段话，我会这样写：“几个孩子正在兴高采烈地捉蝴蝶，他们有的用衣服扑，有的用网子罩，一会儿快步跑过去，一会儿又蹑手蹑脚地悄悄靠近。可是蝴蝶聪明极了，躲进了菜花丛里，他们就再也找不到它了。”你们觉得我这样写好吗？

生：好！

师：好在哪儿呢？

生1：您用了好词，例如“兴高采烈”和“蹑手蹑脚”。

师：这两个词怎么好啊？

生1：把孩子们捉蝴蝶的样子表现出来了。

生2：您还用了“有的……有的……”这样的句式，说明有好几个孩子，他们捉蝴蝶的方法不一样。

师：你听得可真专心！

生：您把他说的“飞进了菜花丛里”改成“躲进了菜花丛里”，因为要捉小蝴蝶的小朋友太多了，所以小蝴蝶只好躲起来了。（众笑）

师：仅仅一字之差，你都能体味出其中的妙趣，我们要向你学习。（总结）今天，我们以《寻隐者不遇》这首诗为例，学习了把“话”变成“画”来理解古诗意思的方法。方法经常用才会成为技巧，才会对学习更有帮助。王老师祝愿你们在今后的学习中能够总结出更多更好的学习方法，成为学习的能手！

点评·反思

让学生享受学习的幸福

薛法根

读着王文丽老师的古诗教学实录，我的脑海里闪现一个词：幸福。字里行间洋溢着幸福的味道，课堂是幸福的，孩子是幸福的，教师是幸福的。这不由得让人想起《小学语文教师》执行主编李振村老师关于幸福课的言论："幸福课不是一种方法，而是一种理念；幸福课不是一种模式，而是一种境界；幸福课不是课堂改革的短期目标，而是课堂教学的终极追求。"王文丽老师的课应该可以归入这幸福课的范畴，因为她的课堂体现的是古诗词教学的理念，达到的是课堂教学艺术的境界，实现的是课堂教学的终极追求。纵观《寻隐者不遇》这一首诗的教学，板块清晰，遵路寻真，体现了具有古诗词特点的教学。

舒适，才是愉快的。古诗词语言不同于其他文体，它往往有意思跳跃、语句浓缩、成分省略等特点。《寻隐者不遇》这首古诗相对比较直白，但对学生来说还具有一定的阅读障碍。疏通诗句，这是学习古诗的必要教学程序。一字一句地理解，字字落实地翻译，往往使这一环节成为学生学习古诗最痛苦的情感体验。但是王文丽老师的课堂上却没有一丝疏通诗句带来的疲累。打破按部就班的教学程序，代以学生自问自答的方式，教师扮演的是学生群体中的一员。"刚才这个同学解释，'云深'就是云彩太多了，你们完全同意吗？""我有一个问题：诗中并没有说这个小童子是隐者的徒弟啊，你为什么这么讲？"整个教学氛围就是宽松的、自由的、平等的，学生是以舒服的精神状态参与学习的。所以，在课堂上学生才会有这样的发现和言论：“我觉得他要寻的隐者是一个人，不是一件东西，所以不应该用‘寻找’，应该用‘寻访’。”“‘言师采药去’里面的‘师’应该是师父的意思，所以我觉得小童子就应该是隐者的徒弟。”阅读是个性化的行为，不应该由教师的分析来代替学生的阅读体验、阅读实践。在愉快的交流中，原本了无生气的教学内容也变得情趣盎然。

投入，才是激情的。怎样让孩子投入？一个最简单的办法是带领孩子走入情境。王文丽老师是一位富有智慧的教者，她巧妙地带领着孩子畅游在古诗词特有的意境中，一丝不苟地握着孩子的手“触摸”到了这首诗的意象。意象是诗词作为一种文体的典型标志。诗人创作诗词，源于外物的触发。但正如陶渊明在《饮酒》中所言：“此中有真意，欲辨已忘言。”为了弥补“言不及意”的困窘，诗人创造了独特的表达方式，即用语言塑造意象，再用意象传达诗情，使可直接表达的情思也往往寄寓于意象。古诗词凝练的话语背后一幅幅形象的画面，形成的就是直观可感的意象。从上课开始，至课的结束，自始至终，学生投入地学习一个教学内容：把“话”变成“画”。我认为不能简单地称之为理解古诗意思的方法，而更应该称之为“触摸意象”的艺术。老师出示问题，学生想象描述；学生自主提问，再思考、想象、描述；最后学生完整地描述头脑中生动的画面。多么随意！教学最高的境界是无痕，王文丽老师让学生把“话”变成“画”的过程就是踏雪无痕！原本朴实得就如拉家常谈论天气式的诗词语言，在想象过程中，变得这么有情有趣。一个仙风道骨的师父，一个鹤发童颜的老人，在深山中手持药铲采药：休息时，有小鸟在枝头唱歌，蝴蝶在身边飞舞；喝水时，还有小鹿在旁边看自己映在水中的倒影。如此悠闲自得的生活怎能不让小童子骄傲？如此不为世俗干扰的生活怎能不让学生激情地“醉”一回？

“贾岛寻隐者的结果是没有遇上，但是当他想象出原来隐者过着这样一种生活的时候，他会怎么做呢？”当学生谈到贾岛要去寻找隐者的踪迹时，王文丽老师又以波澜不惊的方式掷出了激起学生思维、让他们更投入的小石子：“贾岛是非要找到隐者这个人不可吗？”是啊，我们有没有思考过这个问题呢？在读着简单到几乎在陈述一件简单的事情的诗句时，我们是否去思考过诗人凭借意象所表达的情感是什么呢？“不遇”，从事情本身来说，是令人失望的。但是，诗人创作这首诗时需要倾诉的情愫就是失望吗？相反，他非但不失望，反而心情愉快，充满了向往，充满了期待：为不虚此行而感到愉快，向往过上远离尘世的生活，期待与隐者的进一步相识。

整个教学环节中，学生的情感是富有激情的。“以言造象，立象尽意”，学生投入地想象，在头脑中建立了意象，凭借意象的通道，把握了诗人内心涌动的情思。

舒适、投入地学习，愉快、富有激情的课堂，学生在这个和谐的领域，享受到的自然是幸福。当然，带领学生学习把“话”变成“画”，并把这一方法在课堂上迁移运用，并不是古诗词教学的唯一教学模式。在正确的教学理念下，只要是符合教学原理的模式都是可行的、合宜的。古诗词是中华民族的文化瑰宝，但诗词教学在语文课程标准中要求并不明确，其教学被边缘化，教学研究也缺乏最根本的理论突破。古诗词阅读教学的特殊性、普遍性，为古诗词教学研究的核心。坚守语文的本体，体现古诗词文体的本色，挖掘古诗词丰厚的文化意蕴，会让更多的学生享受到幸福的语文。

把“话”变成“画”

王文丽

历史总是按自己的脚步不紧不慢地行进着。现代人的生活和千百年前的古代人相比有着天壤之别。现代的文化碰撞热点完全不同于古代诗人低吟浅唱式的推敲，这当然是历史留给我们的距离。用什么样的方法拉近这距离，让孩子们感受到古诗词是古代学者智慧的精华呢?

在现实教育中，由于教学的重负荷和快节奏，我们往往会有偷工减料的“速成教学”，人为地隔离了孩子与古诗词之间的距离。例如，我们常常用“五步法”来教学古诗：解释题目—读通诗句—解释字句—串讲诗意—总结思想。这样的教学往往将完整和谐的诗词艺术分解得支离破碎，蕴含的意境往往解读得词不达意。古人作诗非常讲究“诗中有画”，在文学史上，很多诗人就是画家，很多画家也是诗人，可以说很多诗词是一幅幅无形又美妙的画。我们知道，诗歌要善于创造意境。所谓意境就是作者的主观情意和客观物境互相交融而形成的艺术境界。它是自然景物与作者心中境界的高度统一，是外物与内情的自然融合，是包含作者感情的艺术画面。把“话”变成“画”就是要帮助学生借助想象把诗歌所描绘的意境还原为生活的画面，或者还原为自己曾经有过的生活体验。这样一种学习古诗词的方法，能够让童心更明媚，让学习的兴趣更浓郁，让学生的思维更活跃，闪现出更多的创造的火花，因为真正的“画”在诗中，在每个孩子不同的感悟中。

把“话”变成“画”仅仅是古诗词阅读方法中的一种，面对不同的诗词，要用不同的方法，比如“比较法”：将同一主题的诗词，从更抽象的视角进行比较阅读，以发现其间的差异与妙处，获得一种更为深刻而完整的理解。当然，最为重要的一点是，小学生阅读古诗词，还应从学生的年龄特点出发，浅近、平易的阅读方法更易为学生所接受，最好的方法是最适合学生的方法。唯有对古诗词知其然，知其所以然，而又能立足学生的现有水平，才能使古诗词教学更加贴近学生的学习需要和发展的可能性。

6

戴银杏

多给学生一次成功的机会

戴银杏，浙江省台州市天台县外国语学校副校长兼小学部校长，正高级教师，小学数学特级教师，浙江省、市、县三级名师工作室领衔人，长期致力于学本课堂的研究，获得过2020年“全国先进工作者”称号和浙江省杰出教师、浙江省“师德楷模”“浙江好人”等称号；著有《学本课堂：小学数学新教学范式研究与实践》《基于观察的小学数学学本课堂实践研究》等专著，主持的多项课题获浙江省教学成果奖（基础教育奖）一、二等奖。

名师故事

36年的坚守：笑着做老师，蹲下看学生

雷　玲

36年来，她一直坚守在教学一线，她说，让学生成人成才、教师幸福成长，是她一生的追求。她就是戴银杏。

一、融入学生，坚持因材施教

19岁，戴银杏从临海师范学校毕业，回到家乡洪畴小学任教。她接管的那个班级是有名的难管班，但是她很快跟学生打成一片。

戴银杏说：“我们要坚持以学生为中心，坚持教为学服务，坚持因材施教，为不同学生提供个性化教育，促进学生个性化成长，让每个孩子都能享受公平而有质量的教育。”

36年来，戴银杏手中时刻拿着“搜索仪”“放大镜”，寻找学生身上哪怕微小的进步、亮点，换个角度、换种方式让学生体验成功。

正因为这份用心，学生进步很快。20多岁时，戴银杏就被评为县优秀班主任。

二、“笑着做老师，蹲下看学生”

“数学啊，是一门非常有趣的课，生活当中其实处处都有。”一次上三年级的数学课，戴银杏把课堂设在了操场上，主题是寻找图形。很快，长方形、圆形、三角形等各种图形被学生们找了出来，戴银杏适时引导，并不时地抛出问题。

天台外国语学校的学生王思忆说：“这堂课很有趣，可以让我们自己在操场上找图形，而且老师说的话，让我们能记得住。”

这种引导学生走出课堂、走向生活的教法，让学生带着问题去学习，让课堂成为学生的乐园。在整节课中，戴银杏给予孩子最多的是微笑、鼓励。用她的话说，就是“笑着做老师，蹲下看学生”。

“一定要有阳光的心态，只有老师阳光了，学生才能阳光，所以呢，我们要心平气和，用父母心来办教育。还有一个就是要蹲下看学生，也就是说，我们老师一定要蹲下身子，与孩子同频。”戴银杏说。

三、经验辐射，创建共享平台

戴银杏觉得，作为一线教师，除了踏实做好自己的岗位工作，还应该发扬劳模精神，发挥引领作用。

她领衔的浙江省戴银杏名师（劳模创新）工作室，工作有声有色，辐射面广，成员成长快。在教学之余，戴银杏每天都会打开自己的网络工作室，或上传教学资源、文章，或发起话题与来自全国各地的两百多名教师共同探讨。近几年来，戴银杏开展的研究、观摩、培训等活动辐射至全台州市及丽水、舟山、绍兴、金华等地，甚至还有省外的一些地区，受益教师近万人次。她的工作室培养出省特级教师 1 人、省教坛新秀 5 人、省教改之星金奖获得者 1 人、市级名师 5 人、县级名师 10 多人。

“在今后的工作中，我要继续把工作室做好，为他人的成长搭好台。不仅为本县，也为全市乃至全省各地的教师提供成长平台，培养更多的人才。”戴银杏说，接下来，她要继续利用名师工作室这一平台，围绕“一个主题、两条途径、三大平台”的研修体系，坚持以理论学习为先导，以课堂教学为主阵地，以网络研修为纽带，以课堂观察、研究为技术手段，深入推进“学本课堂”研究，努力构建“以学习者学习为本”的课堂，为“名县美城，学在天台”的高质量教育而不懈奋斗。

正如工作室成员林伟扬所说：“她真的是把爱与责任根植于她的教育教学中，我希望我将来能够成为一个像戴老师一样的老师。”如今，戴银杏依然坚守在教学一线，创新求真、务实研学。

对话

问：对您影响最大的一本书是什么？为什么？

答：《围城》。这是钱锺书先生唯一的长篇小说，堪称中国现当代小说中的经典之作。它是我在师范学校上学时读的一本书，我不能确定它就是对我影响最大的一本书，但可以确定它是最早对我有深刻影响的一本书。《围城》提出了一个“围城”的概念，让我们去思考，即围城将人分成两类：一类在围城里面，一类在围城外面，而两类人都羡慕对方的生活，“城外的人想冲进去，城里的人想逃出来”。两者永远不能归于平衡。所以我们要做的其实很简单，要学会感恩，学会乐观，要从我们眼前的工作中发现乐趣，自己制造笑声。

问：对您影响最大的教育大家是谁？您最欣赏或景仰他什么？

答：陶行知。我最崇尚他的“教学做合一”的主张。“教学做合一”是陶行知先生在教学方法上的创新。针对传统的教授法，他在教学论方面提出主张——“教的法子要根据学的法子”“事怎样做就怎样学，怎样学就怎样教”，明确提出了教师教学要以学为根据，为学服务，教的原理要根据学的原理。

问：对您启发最大的两句教育名言是什么？

答：①陶行知说：“千教万教教人求真，千学万学学做真人。”②孔子说：“其身正，不令而行；其身不正，虽令不从。”

问：您的教学观中的关键点有哪几点？

答：①教要为学服务，教师要乐做学生的公仆。②学生是课堂教学的有效资源。要善于捕捉学生的起点资源、疑点资源、错误资源、亮点资源、差异性资源、情绪性资源等，提高教学的有效性。

问：您心目中理想的数学教师是什么样的？

答：人品好，内涵高，享受上课，体验成功。

问：您上过的最满意的两堂数学课是什么？简要总结其特点。

答：一堂是一年级的《统计》，这堂课主要有以下特点：①从学生的兴趣出发，选取学生熟悉的、感兴趣的动画人物作为统计的素材。②安排了三个统计活动，突出统计是一个过程。③让学生感受统计是解决问题的一种策略与方法。④重视让学生感悟和选择整理数据的方法。另一堂是六年级的《立体图形的综合练习》，这堂课主要有以下特点：①在目标定位上，突破“知识本位”，侧重“知识沟通”和“方法策略的形成”。②抓住了“沟通知识间的联系”“体验解决问题的多样性”“渗透简化思想方法”等隐性目标，将其作为本节课更为重要的目标加以彰显。③在教学的具体展开上，主要抓住三点——第一，通过分类活动，比较、梳理立体图形的特征，沟通立体图形之间的关系。第二，借助表格，让学生整理立体图形的表面积和体积的计算公式，形成知识网络。第三，利用多组材料，强化与应用“简化”思想。

问：您写过的最满意的三篇数学教学论文是什么？

答：《让学生成为学习的主人》，发表于《小学数学教师》2001年第12期；《学生是课堂教学的有效资源》，发表于《小学数学教师》2005年第1、2期；《错误资源利用四策略》，发表于《教学月刊·小学版》（数学）2011年第1期。因为它们反映了不同时期自己的不同的关注点。

问：您通常怎样战胜挫折和困难？

答：一是接纳所遇到的挫折和困难，明白自己目前的处境；二是相信方法肯定比困难多。

问：您取得优秀成果的主要经验和体会是什么？

答：求真务实，善于取舍。

问：请评价一下您自己的性格特点。

答：平和、稳重。

问：您的业余爱好是什么？

答：唱越剧。

问：您的人生格言是什么？

答：知足常乐。

问：您认为好老师应该是什么样的？

答：蹲着看学生，热着待家长，乐着帮同事， 笑着做教师。

问：您最喜欢什么样的学生？

答：懂感恩、能自律、肯勤奋、会学习的学生。

教学智慧

多给学生一次成功的机会

戴银杏

学生都希望被老师承认和欣赏，都有积极向上的想法。他们无论是优秀还是平凡，都渴望关注，渴望认可，渴望成功。学生只有在学习上获得成功的体验，才能创造出持续的快乐与继续学习的动力。多给学生一次课堂上成功的体验，将能换来学生一生的命运改变。对此，我深信不疑。

故事一：这是谁的作业？

小亮同学是留守儿童，父母长年在外做生意，双休日由爷爷奶奶管教，平时住在学校，学习兴趣不浓，学习自觉性差，上课不是玩这玩那，就是和前后桌同学自由说话。我私下曾几次找他谈话，但收效甚微。

一次批改作业时我发现，小亮同学画的长方形特别工整，而且旁边还认真地写上了长和宽的长度。我非常高兴，给了他 100 分，而且特意加了 4 个星。

第二天，我把这份 100 分加 4 个星的作业，放在投影仪上，充满激情地对全班同学说："同学们，这是我昨天批改到的最好的作业。你们看，这图画得多规范、多工整，这字写得多漂亮、多认真啊！你们猜，这是我们班谁的作业？"

教室里顿时沸腾起来，有的说是张优优，有的说是李好好，猜的几乎都是平时成绩好、表现好的同学，就是没有人说出我希望听到的那个名字。我故意把目光投向小亮。这时终于有学生从老师的眼神中猜出正确答案。于是我带着赞扬的语气说："猜得很对！这就是小亮同学的作业！”教室里响起热烈的掌声与欢呼声。同学们不由自主地把羡慕的目光投向了小亮，我也从小亮那有点发红的脸上看到了他内心的喜悦。从此，小亮做作业更认真了，上数学课专心了许多，数学成绩也不断地上升。

故事二：回答得太好了

小瑜是本学期刚从别校转入的学生，从摸底成绩看还好。一次数学课，我请他说说 1 千米等于多少米，这个问题比较简单，他居然说：“我不知道，我不想说。”我很尴尬。第二天的数学课是学习万以内的加法，在学生尝试用竖式计算以后，我特意走到小瑜同学桌旁检查他的作业，发现他完全做对了，于是我轻轻地对他说：“你做得真好，请你上台板演吧。”谁知他却回答：“我不想去做。”从教 20 多年，我还真没有碰到过这样的事情，这孩子怎么啦？

事后我特意进行了家访，从他父母那里了解到，他在别的学校就是这样，上课不肯举手，不肯回答老师的问题，为了改变这一状况，他们才给他转学换个环境。我问起产生这种状况的原因，他父母告诉我，可能是一年级的时候，有几次他回答问题后遭到老师的批评造成的。后来他们也曾多次教育，可小瑜就是改变不了。

看来是这孩子在遭遇挫折后产生了退缩行为，我决定先用消退法帮助他消除心理的抵触和恐惧，再用正面鼓励的手段唤回他的自信。于是我和他父母约定，要心平气和地对待他，要给他一个宽松的环境，对他不肯举手发言、不肯回答老师的这一问题不予关注，不予批评，不予教育，平时尽量不提它，让他逐渐忘记；同时要多发现他身上的优点并多强化，积极寻找突破的时机。

过了一个阶段，在一次数学课上，我让学生用“一定”或“可能”说话，一个学生说：“人一定是用右手拿筷子吃饭的。”许多学生也附和，只听下面有人嘀咕："不对，不一定的。"我一看是小瑜，马上微笑着说："是吗？小瑜，请你说说人为什么不一定是用右手拿筷子吃饭的呢？"也许是受到了我的鼓励，小瑜站起来回答："因为有的人是左撇子。""回答得太好了！"同学们不约而同地为他鼓起掌来。事后我了解到，小瑜他爸就是左撇子，他是情不自禁脱口而出的。有了这次经验，小瑜上课表现得积极多了，我也有意识地多请他回答问题。渐渐地，他不再退缩了，真是可喜可贺！

故事三：编题大赢家

每上完一个单元，按惯例学生都会进行一次测试。测试后，学生把测试卷带回家分析，并让家长签字。这样做，一是让家长了解孩子在学校的学习情况，二是让学生反思自己的学习情况，找到自己学习的优势和存在的问题。几年下来，学生、家长也已接受，而且有些学生还乐于把自己的好成绩向家长汇报，以获得家长的奖励。

这次在上完一个单元后，学生照常进行测试。有几个性急的学生跑到我办公室问自己的成绩。成绩不够理想的，默不作声地走开了；成绩好的，满心欢喜，还不时地翻看别人的成绩。"小琳只有80多分，她又要被妈妈骂了！"一个学生喊起来。"我看小拓的屁股也要被爸爸打开花了。"另一个学生说。经了解，小琳的妈妈平时对她比较严格，如果分数在90分以下就会换来一阵臭骂，甚至毒打。班里还有几个学生也有同样的遭遇。其实小琳平时学习挺认真，成绩也不错，只是性格内向，动作有点慢，这次测试就有两个题目来不及做。让家长签字，把学生的成绩告诉家长，本是想让家长了解孩子的学习情况，及时辅导，及时督促，却没想到会有可能带来相反的结果。难怪有几次，几个没考好的学生没签字，推说家长不在或忘了签字，甚至出现代签作弊现象。我得改变一下做法了。

星期五的数学课上，我把卷子发下去，因为本次测试有点难，学生分数普遍下降了。只见有的眉开眼笑，有的低头不语，个别的趴在桌上轻声哭泣，教室里气氛有点凝重。我说："同学们，这个单元的内容有点难，所以我要做出这样一个决定：第一，可以申请加分，条件是根据本单元的知识范围、重难点编一份测验卷，编得好的同学不但可以加上订正对的分数，而且可以参加'编题大赢家'的评选。第二，可以申请补考，补考以后再把成绩带回去。"学生听后都很高兴，成绩好的还有加分的机会，成绩不理想的还有补救的机会，教室内的气氛热烈了很多。

下课时，小琳走到我身边轻声问："老师，我能申请加分吗？"我说："能啊！"对于三年级的学生来说，自编单元测验卷是有一定的难度，虽然题型可以模仿，但题目内容要靠自己搜集自己编。因为这不仅要对整个单元的内容进行梳理，还要反思自己及同学们在学习这一单元时，已学会了什么，哪些是容易错的。我支持小琳申请加分，一是相信她的实力——尽管她只考了 80 多分，但我相信没来得及做的两题她是会的；二是肯定她敢于挑战的勇气。小拓等其他同学也纷纷申请加分或补考。

星期一早上，小琳把她的自编测试卷交给了我，她告诉我，这个双休日她没有出去玩，她把平时的作业本上的错题都摘出来了，还参考了很多书，并把与爸妈观看文艺演出的内容也编进去了。看着小琳编的卷子，我感动了：可以毫不夸张地说，卷子真的编得有板有眼、有模有样，卷面也非常工整、漂亮。我在班上表扬了小琳，并把她编的卷子复印下来，作为学生的回家作业，人手一份。其他班的老师还把小琳的卷子拿去当范例讲，她还被推选为本期的"编题大赢家”。小琳的脸上写满了喜悦，真有种当明星的感觉。

后来，在与小琳妈妈的电话交流中，小琳妈妈告诉我，小琳经常说她喜欢数学，喜欢编卷子。在沟通的过程中，我希望小琳妈妈改变自己的家教方法，共同关注孩子的健康成长。小琳妈妈欣然接受。

从以上三个自己亲身经历的小故事中，我深深地感到——

第一，教师手中要时刻拿着“搜索仪”“放大镜”，要多寻找、多发现学生身上哪怕微小的进步、亮点，然后无穷倍地放大；只要进步、亮点确实存在，不管放大多少倍都不过分。像故事一中的小亮，一次作业被老师刻意表扬，使他在感受自己的进步中、在同学的掌声中获得成功的体验和学习的动力。

第二，教师要善做学生的心理辅导师，要宽容学生的缺点和错误，充分信任学生，坚持多鼓励、多微笑的原则。很多时候，给学生创造宽松、安全的心理环境，实际上也是给学生创造了成功的机会。像故事二，老师宽容了小瑜的上课不愿回答、不想板演的退缩行为，采用消退法使他逐渐化解自己心中的芥蒂，并适时进行鼓励、引导，使他重新找回了自信。

第三，在给学生创造成功机会的过程中，教师要注意方法、灵活变通，着眼于学生的可持续发展，换个角度、换个方式让学生体验成功。像故事三，只不过是一次重新评价学生的尝试，换来的是学生轻松的学习氛围、浓厚的学习兴趣和健康的身心发展。

让学生成为学习的主人

戴银杏

教育要以人为本，其目的是促进人的发展。学科教学也是如此，必须将人的发展放在首位。在数学教学中，教师就应帮助学生建立认知过程，培养认知方式，注重情感融入，提高学生的主体意识，充分发挥学生的主体作用，使学生真正成为学习数学的主人。

现从以下四个方面谈谈我的一些做法和粗浅体会。

一、让学生自主学习

现代教学论认为：在课堂教学中，学生的学习是两个转化过程，一是由教材的知识结构向学生的认知结构转化，二是由学生的认知结构向智能转化。这些转化过程，只有以学生为主体，在教师的积极引导下才能实现。对数学学习来说，学习主体不积极参与是没有办法学会数学的。因此，在数学教学中，教师要设计和组织好符合学生“最近发展区”的教学活动，引导学生独立思考、主动探索，并调动学生积极学习的热情，使学习数学成为真正意义上的内在需要和追求，成为一种自我表现的方式。

例如教学“接近整百、整千数加减法的简便算法”时，一开始我就把学生分成两个组，进行速算比赛，第一组计算左边四题，第二组计算右边四题。

246+500	246+499
734+200	734+198
857−400	857−397
3475−2000	3475−1999

结果第一组取胜。第二组不服气，说第一组的题目容易。我问：“第二组的题目能不能用简便方法计算？”学生通过对题目重新审

视，发现第二组数的特点，即第二组算式中的一个加数或减数接近整百、整千。于是学生提出：可以把接近整百、整千的数看成整百、整千数进行加减，再减去多加的或加上多减的。在学生运用他们自己发现的简便算法计算出右边四题以后，我又运用购买物品收付钱和找补钱的实例，使学生加深理解和牢固掌握这一方法，并体会到这种简便算法在实际生活中的应用。在这一学习过程中，学生的学习能力也得到了提高。

二、让学生带着问题学习

“学起于思，思源于疑”，疑问是思维的“启发剂”。因此，在数学教学中，教师必须善于设疑，以拨动学生思维之弦。在新课教学中，教师应根据教学内容，联系学生的生活实际，创设问题情境，把学生置于问题的情境中，借助于外界因素的刺激作用，促使学生带着问题进行学习，通过主动的尝试和探索促使问题的解决。例如在教学“小括号”的知识时，一位教师联系生活实际，出示了下面一道情境题：“小珍妈妈在商场里先买了 3 件棉毛衫，后来又买了 2 件，每件棉毛衫 25 元，她一共付了多少元？”结果学生中出现了两种解法。

解法一：25 × 3=75（元），25 × 2=50（元）

75+50=125（元）

解法二：3+2=5（件），25 × 5=125（元）

教师肯定了两种解法，然后问：“第二种解法第二步中的 5 表示什么？”学生说：“就是两次买棉毛衫的总件数。”教师说：“对！现在我们把它列成综合算式——25 × 3+2，对吗？”学生说：“计算的顺序是先算‘乘’后算‘加’，这样计算结果不是 125 元，所以这样列式是错误的。”教师进一步问：“这是为什么？应该怎么办呢？”

学生思考、讨论后得出结论：这道算式要先算“加”再算“乘”，必须在 3+2 处加上“小括号”，就是 25×（3+2）。这样做的过程，实质上是现实问题数学化和构建数学模型的过程，一方面能使学生认识到数学知识来自生活实际，另一方面使学生更好地理解“小括号”能改变运算顺序的作用。

著名科学家李政道博士说：“什么叫学问？学问就是要学怎样问，就是学会思考问题。”这就是说，在教学过程中，不仅教师要提问，学生也要能思考问题、提出问题。教师要精心设计教学过程，使学生有问题可提。例如教学“在被除数和除数的末尾，消去相同个数的 0 的有余数除法”时，我先让学生计算 2800÷900，得到的商都是 3，而余数大部分学生说是 1，也有说 10 或 100 的。这时，学生主动提出问题：余数究竟是 1，还是 10 或 100 呢？我叫大家在小组里讨论，但意见还是不统一：有的认为余数 1 是正确的，有的认为余数 100 是正确的。接着我让学生看课本例题，他们才知道余数 100 是正确的，但是很多学生的心里还有疑问。最后我用“商不变性质”说明商不变而余数变了的道理，学生消除了疑问，也提高了计算这类题目的准确率。

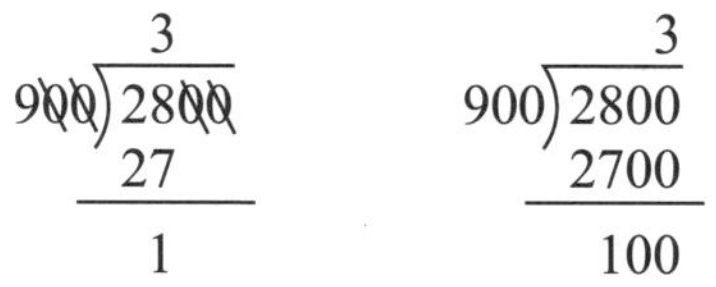

三、让学生创造性地学习

创新教育是时代的要求，创新教育必须从小抓起。在小学数学教学中，也必须注重培养学生的创新意识和创新精神。在新知识的教学过程中，教师要引导学生进行数学知识的“再发现”和“再创造”活动。荷兰数学教育家弗赖登塔尔说：“学习数学唯一的正确方法是实行‘再创造’，也就是由学生本人把要学习的东西自己去发现或创造出来，教师的作用在于引导和帮助学生去进行这种‘再创造’的工作，而不是把现成的知识灌输给学生。”数学教学一定要改变教师讲、学生听的教学模式，引导学生通过自己的探索或操作实践活动，去发现知识规律。

例如在教学乘数中间有0的乘法时，我让学生先计算206×358；学生算好以后，再让学生用交换因数的方法进行验算，即358×206。在验算过程中，我发现部分学生把乘数十位上的0去乘被乘数这一步省略掉了，于是我请省略和没有省略的两个学生分别把算式抄在黑板上，并问：“两种算法是否都对？哪种简便？”我表扬了省略用0乘被乘数这一步的学生——我之所以特别重视表扬这些学生，是因为他们表现出了一种创新意识和创新精神——以激励全体学生今后更好地创造性学习。

为了开发学生的创新潜能，在这堂课的练习中，我有意识地让学生计算448×603，并提出“你认为怎样简便就怎样计算”。结果有好多学生开动脑筋，采用了自己认为比较简便的方法。一种方法是算出448×3=1344以后，用百位上的6去乘448时，只是把1344×2的得数2688抄到适当的位置上，再算出结果。另一种方法是认为交换因数后的603×448比原式简便，进位直接写，对位不出错。还有一种方法也是交换因数后相乘，算出603×8=4824以后，十位和百位上的4去乘被乘数时，都是把4824折半照抄。这些方法看起来微不足道，但是对于小学生来说，都闪烁着创造性思维的火花，是一种创造性学习。

四、使课堂成为学生的乐园

学生学习数学知识的过程，是在知、情、意、行共同参与下进行的。苏霍姆林斯基说：“没有欢欣鼓舞的心情，学习就成为孩子的沉重负担。”教学时，教师要重视情感的诱发和融入，使学生内心感到学习数学是有很大乐趣的。教师要充分热爱和信任学生，对学生要和蔼可亲，尽量用商量的口吻讲话，一般不用指令式语言。对学生的提问，既要表示欢迎，又不急于表态，只进行必要启发和诱导，尽量让学生自己找到答案，让学生尽可能多地获得成功的机会。对学习困难的学生要更多一份关心，更多一份耐心，使他们体会到教师给他们的爱是真诚的，并认识到自己能够进步，已经有进步，但还不够，还要更加努力。

例如，我曾让学生解答这道题：在边长是 4 厘米的正方形中有一个三角形（如下图），求阴影部分面积。

4 厘米

学生解答以后，我先叫一个学生讲他的解法：$4\times1\div2+4\times3\div2=2+6=8$（平方厘米）。很多同学说他的解法是错的，因为图上没有 1 和 3。真的错了吗？通过引导，我有意识地表扬了这个学生，说他是用假设法求解，这个方法是可行的。接着我问大家还有别的解法吗，很多学生这样解：$4\times4-4\times4\div2=16-8=8$（平方厘米）。还有个学生这样解：$4\times4\div2=8$（平方厘米）。他说：“我是把阴影部分看成半个正方形来计算的。”以上的不同解法反映了学生的不同认知水平，通过交流，学生相互启发，取长补短，大家都能获得成功的体验。

教学实践

案例

把“生活味”与“数学味”融为一体

——戴银杏《认识人民币》教学实录

金晓霞

新的课程理念提倡学习生活中的数学，让数学生活化、生活数学化。因此，生活化的课堂教学之花到处盛开。然而在很多课例中，生活之味浓了，而数学之味淡了，甚至没了，让人听完课后不知上的是数学课，还是语文、常识、品德课。这使我们广大一线教师感到困惑：如何将生活与数学很好地融合在一起？不久前，我有幸聆听了浙江省特级教师戴银杏上的一节数学课《认识人民币》，感受很深，借此机会与大家共享。

片段1

师：小朋友们，你们买过东西吗？（生答：买过）都买过什么东西？花了多少钱？

生1：我买过铅笔，花了5角钱。

生2：我买过生日礼物送给妈妈，花了8元钱。

师：你真是一个懂事孝顺的孩子。

生3：我和妈妈一起买过菜，用了15元7角。

师：你真会留心观察生活，和妈妈一起买，还记得买菜用了多少钱。

……

师：是啊！生活离不开钱。我们吃的、用的、穿的都需要钱。我们用的钱还有一个好听的名字——人民币。今天我们就一起认识人民币。

（此时，学生的学习热情高涨）

片段2

师：（课件出示1元的纸币）这是多少？（生答：1元）你们怎么知道的？

生：上面写着一个“1”。（师板书：1元）

师：（课件出示1元的硬币）这个呢？（生答：1元）两个1元有什么不同？

生：一个是纸币，一个是硬币。

师：（课件出示5角纸币的正面）这是多少钱？

生：5角。

师：（课件出示5角纸币的反面）它呢？（生答：5角）怎么都是5角？

生：一张是5角的正面，一张是5角的反面。

师：（课件出示2角的纸币）这张呢？

生：2角。

师：（课件出示2元的纸币）这张呢？

生：也是2角。（许多学生喊：错了错了）

师：你说为什么错了？

生：右边的一张是2元，因为上面写着“圆”字；左边的那张是2角，上面写着“角”字。

师：那谁能分析分析，刚才那个同学怎么会搞错？

生：因为上面都写着“2”，都有两个人。[①]他没看旁边的字，因此错了。

师：我们应该仔细观察，看清票面上的字。

① 这里指的是第四套人民币的2角、2元纸币。

（课件依次出示1元、1角、1分的硬币。生认读）

师：有什么相同的地方？

生1：都是硬币。

生2：都有数字1。

生3：都是圆形。

师：它们的币值一样大吗？

生：1元最大，1角第二大，1分最小。

片段3

师：刚才小朋友们认识了那么多的人民币，真了不起！这么多的人民币这样放着，看上去怎么样？（生答：很乱）你们能帮它们分分类，整理整理吗？

（师给每桌小朋友准备了一套小额人民币，给了充足的时间，生同桌合作分类，有的按质地分成硬币、纸币两类，有的按币值的数字分成1、2、5三类，有的按单位分成元、角、分三类）

师：我们看看书上是怎样给钱分类的。（生答：元、角、分）以“元”作单位的，有哪些面值？

生：有1元、2元、5元、10元、20元、50元、100元。

师：“角”呢？“分”呢？

生1：1角、2角、5角。

生2：1分、2分、5分。

师：从这些数值中，你们发现了什么？

生：我发现数字都是1、2、5，而没有3、4等其他数字，这是为什么呀？（其他学生附和：对呀，为什么呢？）

师：是啊！为什么只有1、2、5这些数字呢？仅用1元、2元、5元就能把3元、4元、6元、7元、8元、9元都算出来吗？

（此时，生有的轻声口算，有的在草稿本上写着，过了一会儿，陆续举手）

生 1：我发现所有数字都可以用 1 元、2 元、5 元算出来。如 6 元就可以拿 1 张 5 元、1 张 1 元来算。

生 2：我觉得只要有 1 元、1 角、1 分的钱就能把所有想要的钱算出来。如 2 元只要拿 2 个 1 元的硬币来算。

生 3：那如果要拿 100 元不是要数 100 个硬币吗？太麻烦了！

师：是啊！确定币值时，既要考虑尽量控制币值的种类，又要考虑方便。

生 1：我发现“分”全是硬币，“角”既有硬币也有纸币，而“元”除了 1 元有纸币有硬币，其余都是纸币。这是为什么？

生 2：我知道，如果大币值做成硬币的话会很重，不方便。小币值可以做成小一点的硬币，硬币不容易破。

……

师：小朋友提的问题都很有价值，我建议你们课外去网上找资料研究研究。好吗？

片段4

（课件出示：小精灵精品屋前，挂着一块招牌，上面写着“蓝猫自动笔，原价 2 元 5 角，特价 1 元，活动日期 5 月 1 日到 5 月 3 日”）

师：“原价 2 元 5 角，特价 1 元”是什么意思？

生：原来的价钱是 2 元 5 角，现在活动价是 1 元。

师：这么优惠的笔，你们想买吗？（生答：想）准备好你们的钱，放在桌子上，我们马上去买。

（师巡视，大部分学生都拿出了1元硬币，个别学生拿出了2个5角）

师：你们准备了什么样的钱？

生：（扬了扬手中的1元硬币）我拿出了1元钱。（众多学生附和：我也拿了1元钱）

师：（指着拿2个5角的学生）人家拿的都是1元，你怎么拿了5角的？

生：我拿的也是1元，因为两个5角就是10角，10角就是1元。

师：我好像听出这个同学在说元与角之间的关系。

（生附和：我也听出了1元等于10角）

师：（板书：1元=10角）看起来1元不仅仅指的是1元硬币，10角也是1元。谁还有不同的方法，也能拿出1元？（许多学生重新拿）

生1：我拿出10个1角。

生2：我拿出1个5角、2个2角和1个1角。

生3：我拿出1个5角、3个1角和1个2角，合起来也是1元。

片段5

（课件出示各种商品图片及价格）

师：如果给你足够的钱，你会买哪些东西？怎么付钱？

生1：我用2角钱买一块糖。

生2：我用1元钱买一支铅笔，应该找回3角。

师：说说为什么找回3角。

生2：因为一支铅笔只要7角钱，我用1元钱去买，1元就是10角，10角去掉7角就是3角。（师板书：1元−7角=3角）

师：老师如果用 1 元钱买两枚回形针，请帮我算算应找回多少钱。（给足时间）

生：两枚回形针是 2 角钱，1 元就是 10 角，10 角减去 2 角就是 8 角，应找回 8 角。

……

师：今天大家学习了人民币，回去有个作业——“帮爸爸妈妈去购物”。能完成吗？

点评·反思

《认识人民币》教学点评

金晓霞

一、联系生活经验，激发探究热情

美国著名的认知心理学家奥苏贝尔认为，有意义的学习必须具备两个条件，即认知基础和情感动力。课一开始，戴老师就用她特有的甜美、柔和的声音跟学生亲切、自然地交谈：“你们买过东西吗？”“都买过什么东西？花了多少钱？”这样，她就把学生带入和谐愉悦的生活情境中去，拉近了与学生的距离。人民币是学生生活中经常用到的。“这个问题我熟悉，我会说，我要说。”学生强烈的学习欲望与探究热情被激起。

二、运用生活材料，提升数学素养

简洁、抽象、严密是数学学科的本质，也是其美之所在。因此，无论是哪种教学理念的引领，作为教师，我们始终应该坚持数学教育的底线：抓住数学学科的本质来教学。在片段 2 中，戴老师把人民币分成四组依次呈现，引导学生比较异同。看似极其普通的认识过程，却体现了她用心独到之处：从比较每组人民币的异同中，学生既认识了人民币，又培养了观察、抽象和概括能力。同时，分成四组的呈现方式，渗透了分类意识，为下一个环节的人民币分类埋好了伏笔，学生数学素养在轻松愉快的氛围中得到了提升。在片段 3 中，戴老师安排了同桌合作对人民币进行分类，学生在实际操作中思维能力得到了发展。“从这些数值中，你们发现了什么？”这个问题引导学生进行观察和比较。当学生提出怎么数字都是 1、2、5，而没有其他数字时，教师一个反问：“仅用 1 元、2 元、5 元就能把 3 元、4 元、6 元、7 元、8 元、9 元都算出来吗？”激活了学生思维的火花，培养了学生的分析、推理能力。当学生提出为什么有的面值有硬币而有的却只有纸币，为什么“分”在生活中很少用到……面对不是本节课的内容，戴老师没有简单地否定，而是先肯定学生提的问题很好，然后建议他们课外去找资料研究，延伸了本节课的教学。

三、巧设生活情景，培养策略意识

一年级学生刚从幼儿园转到小学学习，爱玩好动是孩子的天性。戴老师将枯燥的知识“1 元 =10 角”通过生动活泼的模拟购物来展现，使学习活动在与现实相类似的情境中发生，使学生积极参与。教师故作惊讶的问题“人家拿的都是 1 元，你怎么拿了 5 角的？”促使学生认真思考。“我好像听出这个同学在说元与角之间的关系”促使学生把注意力集中到“元”和“角”的关系上。“谁还有不同的方法，也能拿出 1 元？”激活了学生的思维，促使学生想出了许多种拿出 1 元的方案，培养了学生解决问题策略的多样性。

四、注重实践应用，体验数学价值

注重数学的实践应用，培养实践能力，必须让学生将获得的数学知识在实践中应用，才能深刻地理解和掌握，提高解决问题的能力，从而深化数学能力的发展。戴老师在本节课中是第二次运用模拟购物，但与前一次所预设的目标不同，本次模拟重在引导学生对知识的运用，体验人民币在生活中的应用价值，使学生深刻地理解所学知识的现实意义，既了解和掌握数学知识的用途，也增强了学习数学的信心和兴趣。在教学中，戴老师始终把数学思想放在首位。“说说为什么找回 3 角”鼓励学生说出自己的思维过程。活动中有简单的加或减一步计算，也有两步、三步的运算，学生的思维得到了发展，运算技巧得到了训练。课外布置“帮爸爸妈妈去购物”这个活动，让学生在亲身经历的实践中感受到学以致用的目的，体会到数学的应用价值。

戴老师的课，令人听完回味无穷：大气、自然、扎实、开放的教学风格给她的课堂营造了轻松、和谐的教学氛围；在她的数学课中，学生的情感得到了关注，知识得到落实与延伸；学生在小小课堂的数学学习中，体会到了在大社会遨游的无穷乐趣，课堂已真正成为他们交流的场所、展示的舞台、生活的缩影。

将“生活化”的素材上出“数学味”来

戴银杏

《认识人民币》一课是一节“生活味”很浓的数学课，如果处理不当，很容易上成指导学生认识人民币的生活指导课。面对生活化的学习素材，怎样才能上出“数学味”来，让“数学味”与

"生活味"融为一体呢？为此，本节课主要从三方面进行了一些思考。

一、利用熟悉的生活材料，用数学的思维方式去组织教学过程

数学课区别于其他学科的显著特征之一就是严谨的思维逻辑：包括观察、分类、抽象、概括等思维环节以及在各个环节中由类比、迁移等思维品质带来的直觉思维。本节课充分利用学生非常熟悉的也经常使用的人民币作为研究素材，以观察、分类为主线，组织学生认识人民币。通过多媒体课件依次呈现四组人民币：第一组为 1 元的纸币和硬币，第二组为 5 角纸币的正面和反面，第三组为 2 角的纸币和 2 元的纸币，第四组为 1 元、1 角、1 分的硬币。分别引导学生观察，找出异同点。这一过程不但让学生学会认识各种面值的人民币，而且渗透了分类的思想方法，培养了学生抽象、概括的能力，为下一环节给人民币分类、整理服务。在认识了各种面值的人民币之后，学生同桌合作给一套小额人民币进行分类，并说出分类的依据。这样，在教学过程的安排上力求体现对学生思维能力的培养，从而使"数学味"与"生活味"的融合有了基础。

二、借助学生已有的知识和经验，引导学生发现数学问题

如果说用数学的思维方式组织教学过程，使"数学味"与"生活味"的融合有了基础，那么，引导学生在熟悉的材料中发现数学问题则使数学课的"数学味"有了灵魂。在本节课的教学中，教师有意识地引导学生通过给人民币进行不同分类，使学生结合已有的知识和经验，从中发现并提出了许多的数学问题。比如有的学生提出为什么人民币的币值数字都是 1、2、5，而没有其他数字；有的学生提出为什么 1 角、5 角、1 元等既有纸币又有硬币，而有的只有纸币没有硬币；有的学生提出为什么我们平时很少看到分币……真

想不到在我们最熟悉不过的人民币中竟蕴含着这么多学问。通过对人民币这一生活素材的研究，培养了学生的问题意识，这是这节数学课的又一价值所在。

三、回归“生活实践”，提高用数学知识解决实际问题的能力

数学来源于生活，又服务于生活。人民币在生活中广泛地使用，与我们的生活关系非常密切。创设到“小精灵精品屋”购物的情境，让学生经历了一次具有开放性、实践性、趣味性的模拟购物活动。在购买1元特价商品环节中，让学生设想不同的付款方案，体现了解决问题策略的多样性，也使学生直观地理解元和角之间的关系。在接下来的自由购物环节中，学生自主地选择商品、购买商品，通过付款、找钱等一系列活动，充分感受到生活中处处有数学，培养了应用意识，提高了解决问题的能力。布置学生课外完成“帮爸爸妈妈去购物”的实践性作业，让学生在亲身的实践体验中达到学以致用的目的。

7

沈 百 军

为了儿童的乐学而教

沈百军，浙江省宁波市鄞州区小学数学教研员，浙江省数学特级教师；长期从事中小学数学教学和研究，坚持以生为本的教学理念，积极探索“为学而教”的数学课堂教学，具有“开放、灵动、厚重”的教学风格；先后在北京、四川、广东和浙江省内各地执教公开课60余节，做学术专题报告100多次，发表文章40多篇；著有专著《为学而教：沈百军教数学》等，主编教学辅导用书《新课标新教案·小学数学》《小学数学常规课和创新课教学设计》等。

名 师 故 事

“特”于别人的成长之路

雷 玲

一位老师在读完沈百军的专著《为学而教：沈百军教数学》后说：“他用幽默风趣的语言生动讲述了自己‘特’于别人的成长之路。”

一、三级跳，从“不称职”的小学数学教师到特级教师

沈百军成为一名小学数学教师纯属偶然。

大学毕业后，他被分配到浙江衢州巨化集团公司子弟中学，成为一名中学教师，既当班主任又教数学。由于所带班级学生在中考中成绩优异，他很快获得了集团总公司“先进团干部”称号。

正当他在教坛崭露头角之际，他迎来了职业生涯的第一个转折。机缘巧合，他来到声名鹊起的宁波万里国际学校，转型为一名小学数学教师。

“从1997年9月走上小学数学课堂的讲台，到2011年9月因工作需要离开，正好14个年头。这是我人生中非常宝贵的14年，

也是我职业生涯持续发展的 14 年。”沈百军回忆说，“我的成长可以分为三个阶段：入职学习期——坚持才能穿越；高速发展期——学习改变人生；平稳前行期——心态决定命运。”

刚任小学数学老师的沈百军并不顺利，有好事者因私人原因借家长名义向学校投诉，说中学教师出身的他不适合教小学，以致他一度转岗为图书馆管理员。转折发生在 1999 年初，当时沈百军所在学校考虑到四年级学生整体水平差异较大，从四个平行班中分离出 21 个数学成绩薄弱的学生，组建一个临时加强班，让他担任数学教师。

接班后，沈百军积极争取上公开课，选择了小学数学活动课《抽屉原理》。课前有人反对，认为这么难以理解的内容不适合小学生，更何况是基础薄弱的学生。但他硬是把抽屉、苹果、棋子等材料带进课堂，组织学生通过大量的操作活动来感悟、理解抽屉原理的基本要义，学生学得很开心，效果也不错。此举也让很多教师改变了对这个班级和他本人的看法，半年后，他被学校任命为五年级数学备课组组长。一年后，临时加强班的学生在毕业考试中实现了百分之百及格、平均分 83.8 分的理想结果。

很多教师因为带好班而成名，沈百军却因为带一个最薄弱的班级而使自己在小学数学教学中站稳了脚跟。

机遇总是垂青有准备的人。半路出家进入小学教师岗位时已经 30 岁的沈百军，凭借着自己是市骨干班优秀学员的条件，接连跨越小学高级教师、市学科骨干、市名师三级，从普通教师成为浙江省教育史上第一位没有中高级职称、没有市级荣誉、小学数学教龄不足 10 年的特级教师。

二、三次学习，从学生走向导师

从 2001 年褪去青涩到 2006 年评上浙江省特级教师，这段时期是沈百军教学生涯中专业发展最为迅速的时期。“学习、实践、反思是我快速成长的关键因素。”他如此总结。

读研，汲取学术广博之蕴。2000 年下半年，他参加了华东师范大学在宁波教育学院举办的数学课程和教学研究生班。两年的研究生学历培训，不仅拓展了他的教学视野和思维，对他后来开展教学研究和课题研究也有很大帮助。

练课，探索课堂精微之妙。2001 年 10 月至 2003 年 6 月，他参加了宁波市首批小学数学骨干教师培训班。两年的学科骨干培训活动中，他观摩了特级教师、名师的课堂，聆听了专家的报告，阅读了相关的专著，也让自己从一个普通教师一跃成为宁波市内颇具实力的草根名师。

论道，展现教学本真之态。2003 年 9 月至 2005 年 6 月，他又意外地获得了专业发展的好机会——参加了浙江省“5522 计划”小学数学骨干教师高级研修班，这是当时省内规格最高的业务培训班。这次学习让沈百军有机会多次参与高手云集的培训和实践研讨活动，足迹遍布省内多个地方，也受邀到绍兴、温州、嘉兴等地上课、做讲座。

“如果说三次培训让我从学习者转变为实践导师，逐渐在省内有了一点小小的名气。那么参与四本书的编撰和写作则迫使自己从实践走向理论，静下心来慢慢沉淀，为后来从事教学研究积累了很多资料和经验。”总结自己的成长，沈百军提到了《课堂教学生活化的实践与探索》、《新题在线·小学数学新题》（五年级分册）、《新课标新教案·小学数学》（一年级上、下册）、《新课程小学数学教学论文撰写与例举》四本书。

“参与这些书稿的撰写和修改，让我不仅明晰了自身的教学特长与风格，找到了自己的定位和发展方向，积累了写作经验，更反复经历了从理论到实践，从实践到理论的逐层应用与概括提炼。这些宝贵的经历促使我思考、变革、沉淀、蜕变与成长，我的课堂价值观、课堂教学能力，尤其是教研能力都有了质的变化。”沈百军特别感谢参与撰写、修改书稿这一特别经历对于自己成长的磨砺。

三、最好的选择

2011 年 9 月，因工作的需要，沈百军走上了初中（宁波国家高新区外国语学校）教学管理的岗位，又回到了阔别十多年的初中数学课堂。“我成了教学界的‘两栖动物’，一方面承担着初中的教学管理和一个班级的数学教学任务，另一方面还坚持着做小学数学教学研究工作。”他开心地说。

2013 年暑假，他再次做出了人生路上的又一次选择：离开了宁波国家高新区外国语学校，来到宁波市鄞州区中河街道东裕小学，既当校长又教数学，重新回到小学数学课堂，开始新的征程。短短几年，他内练硬功、外树形象，通过持续推进学校特色课程开发、课堂教学改革和教师队伍专业化发展，让学校焕发蓬勃生机，快速发展升级，并成功改名为“鄞州区中河实验小学”。

如今的沈百军，是浙江省宁波市鄞州区小学数学教研员。选择这次转身，他说，是希望自己在小学数学教学这条道上能走得再远一些，这样也许就能为学生、为教师、为学校乃至成百上千的家庭带来一点点微不足道的帮助。

对话

问：对您影响最大的一本书是什么？为什么？

答：我看的书并不多，也没有哪一本书影响了我的人生。但有几本书在不同的阶段的确给了我一些启发和帮助。第一本是

《说岳全传》，小学阶段看过的除连环画之外的少有的一本课外书，我看了之后还给同学和老师讲书中的故事，赢得了同学和老师的赞赏。第二本是《罗斯福传》，是我参加工作的第一年年末看的。那时的我书生意气，忘我工作，却没有什么科学的方法，看了该书之后，懂得了人不仅要拼命工作，还要好好生活，不仅要埋头苦干，更要抬头巧干。

问：对您影响最大的教育大家是谁？您最欣赏或景仰他什么？

答：古今中外的教育家很多，但我所了解的并不多，我最景仰的是陶行知。作为一个著名的大学教授，能走出高等学府这个象牙塔，不辞艰辛到农村普及基础教育，让老百姓识字读书，唤醒劳苦大众的觉悟，这是他高尚的人格，也是对中国教育的伟大贡献。他倡导并积极践行的教育理念，如生活即教育、解放儿童、学生是先生等，是我国教育理论中的宝贵财富，是指导我国当前开展教育改革的理论，是我们教师需要认真学习和实践的好教材。

问：对您启发最大的两句教育名言是什么？

答：第一句是“没有爱就没有教育”。这是教育的根基，也是中国两千多年来教育的精髓。孔子曰：“弟子，入则孝，出则弟，谨而信，泛爱众，而亲仁。行有余力，则以学文。”明确了先教学生做人，再教学生做学问的原则。也让所有的教师知道自己首先是教育者，其次是教学者。第二句是“因材施教，教学相长”[①]。这是教学的基本原则。一方面教师要根据

① 这句话中，“因材施教”出自《论语·先进篇》，“教学相长”出自《礼记·学记》。

学生的年龄特点、认知水平和个性特长开展适合学生成长的教学，另一方面教师要通过教学活动提高自己的专业水平。正如著名教育家陶行知说的："要想学生好学，必须先生好学，唯有学而不厌的先生才能教出学而不厌的学生。"

问：您教学观中的关键点有哪几点？

答：我的教学观中非常关注的一点是培养学生的自主学习能力。著名教育家叶圣陶说过："教是为了不教。"教育的目的是培养青少年自我教育的能力。尽管我从事的是小学数学教学，学生的年龄和认知能力都不是很强，但也是可以通过教师的引导让他们学会自学，并通过自学提高自己的学习能力和学习兴趣的。我一直在这方面进行实践探索，也有一些经验和体会。此外，我在积极倡导和实践儿童乐学。就是让孩子喜欢数学、乐意学习数学并在学习数学中感受到快乐。这是非常困难的，因为数学具有较强的逻辑思维要求，而小学生的认知水平处在形象思维逐步向逻辑思维转化的过程中，而且学生的差异非常大。这就要求教师要在充分了解学生的基础上恰当地改变数学的呈现方式，给予学生更多的从事数学活动的机会，多一些直观操作，多一些数学游戏，让孩子喜欢老师，喜欢数学课，并逐步喜欢数学。学生一旦喜欢，学习就不再是很难的事了。

问：您心目中理想的数学教师是什么样的？

答：理想的数学教师是一个比较宽泛的概念，因为不同阶段的学生需要不同的数学教师。就小学数学教师而言，我个人以为理想的数学教师必须具备以下几个特质：第一，有爱心。真正的教育是爱的教育，教师只有对孩子充满爱心，才能想学生之所想，才能用心去做教育，才能给予学生爱和光明。第二，有数学思维。数学教育的价值在于发展学生的思维。所以理想的数学教师不仅要具备丰富的数学专业知识，更需要有灵活、深刻、独到的数学思维，才能潜移默化地感染学生，带领学生领略数学思维的美丽，并提高学生的思维能力。第三，有教育智慧。这表现为言语的机智幽默、教学设计的创新、课堂组织的灵动。

问：您上过的最满意的两堂数学课是什么？简要总结其特点。

答：课堂教学是不完美的艺术，因此就没有最满意的数学课。《搭配中的学问》（北师大版）这节课是我成为特级教师之前的代表作（课例发表在《中小学教材教学》2006年第11期）。课堂的结构本身就是一个科学解决新问题的全过程。首先，提出实际问题（25个男生和16个女生中选1个男生和1个女生，有多少种不同结果），接着想办法解决，化难为易，探索发现并验证其中的规律，然后应用规律解决问题并拓展应用。其次，十分注重学习方法的指导：当遇到新问题、复杂问题时，如何将其转化为简单的旧知；如何通过画图、列表、观察发现、验证等手段来学习新知，解决新问题。再次，数学思想方法渗透整节课，把转化、数学建模、数形结合等数学思想方法合理应用，让学生在学习活动中感受到数学思想方法的美丽。最近几年的代表作是《倍的认识》一课（课例发表在《教育视界》2020年第29期）。充分尊重学生已有的现实基础，放手让学生根据已有经验创造学习素材，突出概念学习的基本要领，让学生经历概念抽象概括和建立结构模型的过程，很好地体现了新课标所倡导的让学生经历数学化全过程的深度学习理念。课堂生动活泼，富有创新亮点，而且课堂效率很高，确保学生当堂掌握知识和必要技能。

问：您写过的最满意的两篇数学教学论文是什么？

答：我不太擅长写教学论文，大多是写教学实践后的反思，故以教学案例居多。我比较满意的论文首先是《警惕统计教学中人文关怀的缺失——对数据真实性的呼唤》（发表在《教学月刊（小学版）》2004年第1期），文章就统计教学中人为改造统计数据的不良做法进行剖析，并提出了自己尊重数据的观点。其次是《有效备课须“三思多问”》，就如何有效备课提出了我个人的观点，具有比较强的实践指导意义。

问：您通常怎样战胜挫折和困难？

答：人难免遇到困难和挫折，有些是外加的，有些是自找的。我一般的处理方法有两种：一是把困难和挫折置之不理，把大量的时间用于自己喜欢的事上。比如，我刚到小学从教的第二年，受到了不公正的批评，但又无法改变，工作之余，就经常和朋友一起下围棋，在下棋上寻找快乐，逐渐把遇到的挫折淡忘了。二是在沉默中寻找机会。面对困难和挫折，一时又不能解决，与其唉声叹气、吵吵闹闹，不如沉默不语、等待时机。当然，沉默并不表示无所事事，而是要针对困难和挫折开展“曲线救国”运动。我是中学教师出身，后来才教小学数学的，对于小学教师那种一板一眼、极为规范的教学行为并不擅长，也有领导批评我的课堂过于随意，不太适合小学教学。我没有反驳，而是通过对学生的研究、设计大量创新型的数学课来弥补自己的不足，同时逐步改变他人的看法，最终赢得老师们的认可。我个人不反对课堂需要一定的规范，但小学数学课堂应该是充满爱心和欢乐的，因此适度的随意比死板要好得多。

问：您取得优秀成果的主要经验和体会是什么？

答：我想自己能在比较短的时间内（9年）从一个不太称职的小学数学教师成为省特级教师，除了前面近十年学习和工作的积淀以外，主要有三方面的经验和体会。一是要善于独立思考。教学不是一个机械操作活动，任何他人的经验和理论都不能完全适用于你的学生，因此简单的照抄照搬往往效果不佳，甚至是大相径庭。只有自己深入地思考（包括对学生的思考、对教材的思考、对课堂的思考），才能生成自己的观点。一个有想法、有观点的人，即使是错误的，也能得到很多人的注意；如果观点正确，那就有更多人认同了。二是要勇敢尝试。著名教育专家邱学华老师常说，学生尝试能成功。其实，教师的教学活动也一样。每当我看到一个好的课例、好的做法，我都会大胆地尝试，无论是失败还是成功，都要进行反思和修正，转化为自己的东西。当然也有很多是自己独特的想法，如让学生自学整个单元，然后进行单元检测。教师不教就考学生，看上去很不恰当，但能很好地把握学生的真实基础，为后面的有效教学提供最有力的素材。三是要用平淡的心境等待机遇。一个人的成功，有时也要看运气。有些教师很有水平，也很努力，但最终没有获得相应的荣誉。成功是需要机遇的，也与自己的心态有关。我参评特级教师时，虽然有了一点小名气，上了一些好课，写了几篇有影响的文章，但没有参加过任何行政部门举办的比赛，几乎没有市级以上的荣誉，只是抱着试一试的心态去参评，幸运之神降临，一路开了绿灯，让我从一个普通教师一跃成为特级教师。我常对自己说：做自己喜欢的事，即使没有人给你荣誉和称号，你也是要好好干的，不是为了别人，而是为了自己的那颗心。

问：请评价一下您自己的性格特点。

答：古人云："人贵有自知之明。"要对自己的性格特点进行评价还真有点难。我读书的时候，因为书读得好，受到老师的表扬和呵护比较多，就一直心高气傲，以为将来能干一番大事业；长大后才逐渐明白，一个人的力量是有限的，所能做的并不多，尤其是教师这个职业，做不了惊天动地的大事，只能在平凡中尽力做得好一些而已。有很多同事和朋友说我比较随和，比较好相处，处理事情也不死板，这也许是我比较明显的性格特点吧。我已经过了五十岁，应该知天命了，没有必要为了某些利和名去争去抢，只求把自己所从事的工作做得实在一点、深入一点，能对别人有一点启发就心满意足了。

问：您的业余爱好是什么？

答：我的业余爱好本有很多，但由于受到时间的限制，能经常去做的比较少。目前还在坚持的是打乒乓球，尽管水平很业余，但可以放松身心、锻炼身体，可以以球会友、丰富生活。其次是看书，这是非常自由的，也是修身养性的好方法。

问：您的人生格言是什么？

答：谈不上什么人生格言，我经常自勉：因为我的存在，给予学生更多的幸福。

问：您认为好老师应该是什么样的？

答：我认为好老师应该是能给学生带来幸福和快乐的人，并对学生的一生产生积极的影响。好老师也许没有一个标准，但能让学生喜欢和爱戴。

问：您最喜欢什么样的学生？

答：作为一个老师，不管怎样的学生都应该要喜欢，但这只是理想，或者说是一种使命。人内心深处还是会自然流露出对某些学生的喜欢，这是人的天性使然。就这点来说，我最喜欢的学生是这样的：他很天真，一双水灵灵的眼睛，一张圆嘟嘟的脸蛋上挂着他的喜怒哀乐；他很好学，无论是课内课外都喜欢看书和思考，会提问，会发言，会很快地完成作业并和你分享学习的成功；他很会玩，喜欢各种不同的活动项目，你经常在各种活动中看到他的身影，而且他对每一项都非常专注。

教学智慧

为了儿童的乐学而教

——我的小学数学教育观

沈百军

《义务教育数学课程标准（2011 年版）》指出，数学教育作为促进学生全面发展教育的重要组成部分，一方面要使学生掌握现代生活和学习中所需要的数学知识与技能，另一方面要充分发挥数学在培养人的科学推理和创新思维方面的功能。就小学生而言，他们的数学学习尚不能完全实现上述功能，但小学阶段的数学学习是今后继续学习和生活的基础，浓厚的兴趣、良好的习惯、扎实的基础和科学的方法是学生顺利完成学业并成为合格公民的重要条件。因此小学的数学教育要着眼于学生的终身发展，“教孩子六年，想孩子今后人生六十年”（陈冬寒语），从狭隘的知识教学、分数竞争中走出来，提供适合儿童学习的素材，经历促进儿童成长的过程，让学生在充满乐趣和挑战的数学活动中激发兴趣、养成习惯，既帮助学生掌握基本的数学知识和技能，更要指导学生学会进一步学习的方法。简而言之，教师要为儿童的乐学而教。

所谓乐学，首先可以理解为喜欢学习。

古人云：“好之者不如乐之者。”学生一旦喜欢上数学，学习数学就会变得有趣而轻松。我国著名的数学家华罗庚小学没拿到毕业证，初一时数学还考不及格，到了初二，受老师的启发开始喜欢数学，就发奋学习，30 岁就完成数学名著《堆垒素数论》。因此，教师要善于启发引导，让更多的孩子喜欢数学：除了变化形式、增添趣味等外在因素外，更主要的是通过数学活动激发和保持儿童的好奇心，主要手段就是创设恰当的问题情境，也就是提出具有挑战性同时又适合于学生认识水平的问题，提出具有启发性的问题，从而不断激发学生的好奇心，促进其积极地学习，让其不仅能学到知识，也能学到思维，包括养成健康的情感、态度、价值观。比如教学《平均分》这一课时，我直接出示了“小猴子平均分12个桃子”这样一个具有挑战性的问题情境，鼓励学生去尝试、去探索，学生的参与热情很高，生成了很多进一步学习平均分所必需的教学资源。在基础练习后我给同学们讲“猪八戒吃蟠桃”的故事：王母娘娘奖励唐僧师徒平均每人10个蟠桃，猪八戒急匆匆抢着去拿，结果失望而归，还埋怨王母娘娘骗人。我启发学生思考：猪八戒为什么会埋怨王母娘娘？猪八戒可能得到多少个蟠桃？唐僧师徒4人能吃到多少个蟠桃？把探究平均数与个别数据、总数之间的关系融入学生喜欢的故事中，学生非常喜欢而且积极思考，把课堂气氛推向高潮。让儿童喜欢数学的关键是教师，教师要把枯燥的数学变成好玩的数学，要把冰冷的数学知识转化为火热的数学思考，学生才能喜欢数学、爱好数学。

乐学，还可以理解为学习成功而快乐。

对于小学生来说，学习成功并非金榜题名或是创造发明。就我个人理解，帮助学生学习成功主要有三层含义。

第一，帮助学生学会数学知识和技能。

现在有不少小学生不喜欢数学，有的甚至厌恶数学。最主要的原因是没有学会基本的数学知识和方法，不会解答数学题，逐渐失去了学习数学的信心，最后放弃学习。因此，教师的首要任务是帮助学生掌握数学基础知识，那是学生进一步学习的基础。教师在解读教材、设计教学方案时，要充分考虑学生的学情，要根据学生已有的生活经验和知识结构选择适合学生的学习素材，设计符合学生实际能力的数学活动，让学生在有效的数学活动中理解数学概念、掌握数学基本方法。比如乘法分配律，看似简单，但在实际应用时学生经常出错，说明这是学生学习的难点。在教学这一运算定律时，不仅要呈现生活中的原型（如买 42 套桌椅，桌子每张 76 元，椅子每把 24 元，一共需要多少元），还要借助直观的长方形拼组（如两个等宽的长方形拼成一个较大的长方形）深刻理解，在后继的练习中要加强不同的变式训练，让学生在理解的基础上及时训练，方能达到理想的教学效果。又比如“鸡兔同笼”这一中国名题，当学生能用画图、列表、假设、方程等多种方法解决时，感觉到学数学很有味道，学好了数学能解决很多问题，自然就树立了进一步学好数学的信念。

由于学生的差异不容忽视，教师还要深刻领会“不同的孩子学习不同的数学”的真实内涵，从统一的进度、统一的内容、统一的试卷和单一的评价中走出来，为不同的孩子设定不同的学习目标和学习任务，特别是要适当降低部分基础相对薄弱的学生的学习要求，让他们也能常常感受到学会数学的喜悦，保护儿童继续学习的兴趣。

第二，指导学生掌握学习数学的方法。

常言道：“授人以鱼不如授人以渔。”我国著名的教育家叶圣陶一再倡导“教是为了不教”。当前小学数学教育界已经达成共识，小学数学教育的价值不仅仅在于让学生具备数学的基础知识和数学基本能力，更在于通过数学教育本身蕴含的智力价值和精神价值去提升学生的素养。数学素养的内涵很丰富，就小学生来说，重要的一条是学会数学学习。因为他们未来的路很长，一旦掌握了学习数学的基本方法，就能借助自己的力量来继续学习。这一点非常重要。

《义务教育数学课程标准（2011 年版）》一再强调，教师要处理好教师讲授和学生自主学习的关系，通过有效的措施，启发学生思考，引导学生自主探索，鼓励学生合作交流，使学生真正理解和掌握基本的数学知识与技能、数学思想和方法，得到必要的数学思维训练，获得广泛的数学活动经验。很多教师认为小学生还不具备自主学习的能力，因此常常用教师的讲代替学生的学，用大量重复训练代替学生的探究性活动，培养了很多高分低能的小学毕业生。我个人以为，小学生学习数学的基本方法有两类需要加强。一类是看书自学，即通过看书初步理解数学概念的含义，会解答基本的数学习题，能提出自己不理解的问题，这是一个人终身受用的学习方法。所以教师要花大力气指导学生学会看数学书，从指导学生看懂文字、模仿例题开始，一直到能用自己的语言描述书本的基本内容、基本概念，解释概念的本质属性和解决问题的思路等。另一类是通过已知解决未知，即借助已经掌握的知识和方法解决新的问题，这是数学学习承载的重要价值。如学生直接计算组合图形的面积有困难，就要把组合图形分解成几个基本图形（三角形、梯形、长方形等），这在小学数学教材中比比皆是，关键是教师要用心教育，为学生提供充分的数学活动时间和空间，让学生经历从不会学到会学的全过程，引导学生反思学习过程、提炼学习方法。比如，在教学除数是小数的除法笔算时，我先让学生提出自己的想法并尝试，接着启发学生利用商不变性质把除数转化为整数获得正确结果，然后规范列竖式，最后引导学生反思整个学习过程，强化把未知转化为已知的重要意义。经常开展类似的学习活动，学生才能逐步树立解决新问题的信心，并在学习新知、解决实际问题的过程中掌握学习数学的方法。

第三，通过数学学习促进学生思维。

数学是思维的体操，通过数学学习能提高学生的思维品质，特别是思维的深刻性与创新性、思维的系统性与严密性、思维的综合性与灵活性等。这是数学教育的重要作用，而且不可替代。郑毓信教授常说一句非常微妙的话：数学教育要从让学生“学会数学的思维”向“通过数学学会思维”转变。

我个人以为，教师首先要帮助学生“学会数学的思维”。这是学好数学、提升素养的基础。孔企平教授在《小学儿童如何学数学》书中第三章论述“为形成学生的数学素养而学”时，把“逻辑法则的掌握”作为数学素养的第一条。文中强调，儿童要理解数学的意义，必须掌握一定的逻辑法则。这也就表明了，儿童学习数学的本质就是促进儿童逻辑思维的发展。拿一个简单的例子来说明：有 5 个篮子，分别装着 3 个、5 个、7 个、9 个、11 个鸡蛋，一共有多少个鸡蛋？没有学过数学的人可以通过数数知道结果；稍有一点数学知识的人会通过连加来解答；经过小学六年的学习后，学生能用 7×5 解答并说明其中的道理，我们说该学生已经真正“学会数学的思维”了。

其次，帮助孩子通过数学学习学会思维。从数学的思维到广义的思维，这是对数学教育价值的扩展。一方面是为了弥补数学思维本身的缺陷，另一方面也是着眼于儿童成长发展的需要。毕竟儿童学习数学不是为了成为数学家，而是为了成为具备基本素质的合格公民。现在的小学数学教材已经在这方面做了积极的探索，特别是统计概率领域，它的教育目的不再仅仅是让学生制表计算，更主要的是想通过这一内容的学习培养学生良好的数据分析观念，让学生能根据已有的事实进行数学推测和论断，养成“用数据说话”的习惯。由此，我们应该清醒地认识到数学教学的核心本质，数学教学应该是一个思维活动，而不是一个程序训练的过程。我们应该用一种能使学生具有数学素养的方法来教数学，引导学生用数学的方法甚至是运用更综合的方法来思考问题。

“让儿童乐学”并不是一件容易的事，也许一辈子努力都不能全部实现。因为数学本身对思维的要求很高，即使是小学阶段的数学，也有比较复杂和困难的内容。诸如组合图形的面积计算、复杂分数应用题、植树问题等，需要学生付出必要的脑力和汗水。但作为一种理念，“让儿童乐学”能唤醒教师的职业良知，能让教师从学生长远发展的视角审视和改进自己的教学行为，努力让学生喜欢数学，品尝学习数学的成功和快乐。

教学实践

案例 1

规则学习需要经历怎样的过程？

——从《减法的简便计算》说开去

沈百军

一位（县级）学科骨干教师——代称为Y——因参加一次比赛活动临时准备了人教版四下《减法的简便计算》这节课，我听了之后很有感触，也有所思考——规则学习需要经历怎样的学习过程呢？

一、教师Y的教学流程

教师首先出示例题：“一本书一共234页，李叔叔已经读了66页，今天又读了34页，还剩多少页没读？”学生交流信息并尝试解答。

多数学生使用了简便方法：

234-（66+34）=134 ①

少数学生使用了基本方法：

234-66-34=134 ②

在教师的启发下又呈现了第三种方法：

234-34-66=134 ③

比较算式①和②，发现结果一样，可以连成等式234-66-34=234-（66+34），初步达成了教材例题的意图。

接着，教师启发学生尝试编写类似的现实生活例子，口头汇报并用算式表示出来。学生比较好地编出了生活中的实际例子，如：操场上原来有200人，第一次走了65人，第二次走了35人，还有多少人？从这些例子中，学生获得了一组等式：

$234-66-34=234-(66+34)$

$200-65-35=200-(65+35)$

……

教师引导：请大家仔细观察这些等式，能创造一个等式表示这些等式吗？

学生开始观察并尝试创造等式，但多数学生都无从下手，最后在教师的点拨、启发下出现了等式：$N-a-o=N-(a+o)$。

教师引导学生完整表述减法的性质：一个数连续减去两个数等于这个数减去两个数的和，并用规范的字母表示成 $a-b-c=a-(b+c)$。

接下来主要是应用减法的性质进行简便计算的练习，共计用了25分钟左右。基本的简便计算和应用该等式解决简单实际的问题比较顺利，但在判别 $144-56+44=144-(56+44)=44$ 时，学生中间出现了较大的分歧，认为对的和错的各占一半，而且争论了较长时间。

二、问题探讨

令Y想不到的是，课堂的整体感觉不是很好，学生的学习氛围和效果也不理想。于是，我们就两个问题进行了交流。

第一个问题：如何看教材？教师Y直言，自己主要是反复看了这节课的例题，做了做和教材配套的练习题，再结合自己的教学经验补充了一些内容。

就一般的教学而言，这样的处理也是值得肯定的，毕竟教师认真研读了课时教学内容，但就今天的课堂教学来说却是不够的。因为今天是跨进度上课，学生之前还没有系统地学习加法、乘法的运算定理，对如何有效开展这一类规律性知识的学习还缺少足够的活动体验，所以教师 Y 的“想不到”也是情理之中。教师 Y 没有从整个单元的学习高度对学生做出正确的预计，教材之所以比较简单地来处理减法的性质，是基于学生前面学习加法、乘法运算定理时丰富的探究性学习活动。一旦把减法的简便计算放在第一课时，就必须把前面学习运算定理中所承载的探究性活动和体验放到这节课中来落实。这恐怕是今后教师研读教材的一个必要方向，即从“单一的课时教学内容的解读”向“单元学习内容甚至整册或一类学习内容的深度解读”转变。

第二个问题：小学生学习规则需要经历哪些基本的过程？对此，教师 Y 没有做出很全面的回答，只是说到要让学生主动探究，缺少具体的环节和基本策略。

这样的回答的确不能令人满意，也从一个侧面反映了教师的日常工作、在职培训、教学研讨活动缺少足够的反思和系统整理，往往是就课论课，没有解决教师教学中的基本问题。

三、我的思考和实践策略

小学数学中减法的性质、商的变化规律、分数的基本性质等反映数的运算、概念以及某一性质和概念之间相互关系的知识可以通称为规则，它们具有明显的结构特征，往往可以通过观察比较、举例验证获得。那么，小学生学习这些规则到底需要经历哪些过程？仁者见仁，智者见智，正所谓“教无定法，贵在得法”。但是如能就这类知识的学习设定一个比较规范的、有效的框架结构，让学生经历一些必需的、基本的学习活动，包括尝试探究、猜想验证、灵活应用等，就能让一线教师有一个学习借鉴的样板，确保多数小学生在学习这些内容的过程中获得必要的知识、方法和思维能力，这也许是一件很有价值的事。因此我想结合这节课谈谈我个人的思考和实践建议。

（一）创设情境，引出学习问题

情境和问题：双休日沈老师自己驾车去235千米外的雁荡山，第一小时行了76千米，第二小时行了84千米，第三小时只要行多少千米就到达目的地？

学生尝试解答，出现两种方法：235−76−84和235−（76+84）。

教师追问："这两个算式能用等号连起来吗？为什么？"

引导学生从算式表示的实际意义、运算结果和直观图三个纬度理解可以用等号连起来。（课件出示下图，帮助学生理解）

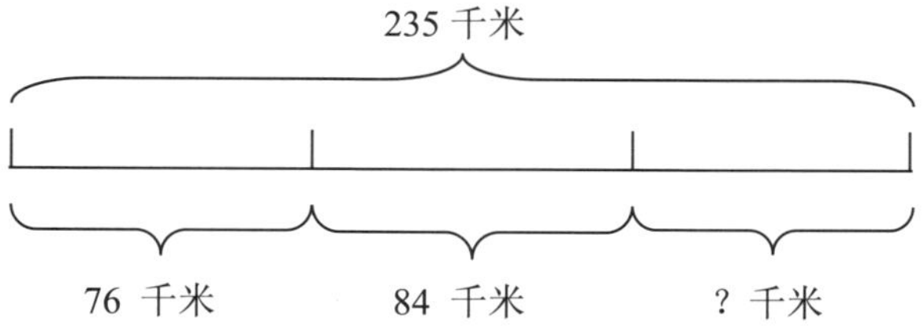

这一环节的设计改变了教材的例题，采用了具有直观结构的行程问题，可以借助直观图更好地帮助学生理解两种算式的实际意义，为学生建构减法的性质提供表象，从而避免学生只知其形式而不理解本质意义，如著名数学家华罗庚先生说的"数形结合万般好"。

（二）分析学习素材，提出猜想

引导学生观察等式"235−76−84=235−（76+84）"，说说这个等式的等号两边有什么共同点和不同点，初步感知连续减去两个数等于减去这两个数的和。

学生尝试写出几个类似的等式，汇报展示并验证等式是成立的。

引导学生观察一组学生自己写的等式，并尝试提出猜想：一个数连续减去两个数等于这个数减去这两个数的和。

严格地说，数学猜想是建立在现有理论和客观事实基础上的逻辑推理和假设。对小学生而言，要求可以适当放宽，但也不能凭空乱想。因此对第一个等式左右两边的观察、比较是为了帮助学生建立初步的感知，能够模仿写出类似的算式。当每个学生经历了写算式、汇报展示和再次观察比较后，就能心有所悟，提出猜想（其实是规律，只是尚未验证）就水到渠成。这样的学习过程符合了《礼记·学记》所说的“道而弗牵，强而弗抑，开而弗达”的教学原则。

（三）围绕猜想进行探究验证，揭示规则

教师追问：“你们觉得自己的发现正确吗？能想办法说明其中的奥秘吗？”

学生再次进行探究，多数学生会通过写算式来举例说明，教师可以引导学生尝试举出反例。

在学生通过再举例、找不到反例验证的基础上得出规则——减法的性质，并请学生创造一个等式来表示这个规则。在学生多样化的表征基础上得出一般表征方式：$a-b-c=a-(b+c)$。

然后可以借助课件直观演示（如下图），帮助学生理解减法性质及字母表征方式。

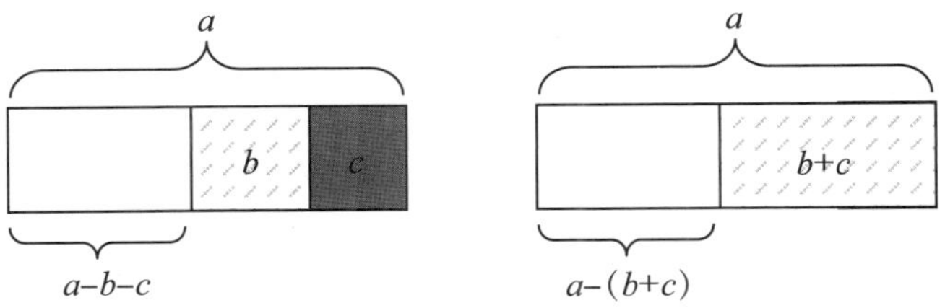

在小学阶段，很多规则（有些是公理）很难进行严格的证明，但在教学时也不能简单地认同，需要有一个验证的环节，这是数学

本身的需要，也是对学生良好数学学习品质的培养。因此，在学生初步发现了减法的性质后，引导学生再次通过自己的方式进行验证，特别是让学生尝试寻找反例是一种比较合理的方式，再通过直观图示从左、右两边表示的实际含义相同来说明，就比较全面了。这样的学习能让学生深刻理解规则，也只有深刻理解了规则，才能为后续灵活地应用规则奠定基础。

（四）通过辨析加深对规则的理解

教师利用课件呈现下面的辨析题，请学生辨析并说明理由。

（1）423−56−44=423−（56+44）

（2）☆ − △ − ○ = ☆ − （△ + ○）

（3）一个数减去两个数的和等于这个数连续减去这两个数。

（4）237−45+55 = 237−（45+55）

学生汇报时主要对后两小题进行深入的交流。

尽管减法的性质是比较容易理解的规则，但辨析仍然是促进学生理解规则的好途径。这里设计了 4 小题，前 2 题都是正向的，并且是依次递进的，其实是强化对规则的理解和记忆。第 3 小题还是对性质的补充，表明这个性质是可逆的，为后面应用埋下伏笔。第 4 小题是把学生最容易出错的地方提前抛出来让大家辨析，学生可以通过分别计算结果、分析左右两边的形式来判断，有助于对减法性质结构的牢固掌握。

（五）应用规则，感受学习的成功和作用

学生独立完成下面的三类习题，通过交流树立灵活应用规则的意识，初步达成会用规则解决计算和实际问题。

1. 计算，能简便计算要简便计算。

528−47−53　　　473−254−46

836−（236+87）　672−36+64

2. 解决实际问题。

（1）共计有效票 325 张，其中，赞成 276 票，反对 24 票，那么弃权的有多少票？

（2）如下图，已知这台样品彩电的原价是 2255 元，这台样品彩电的现价是多少元？

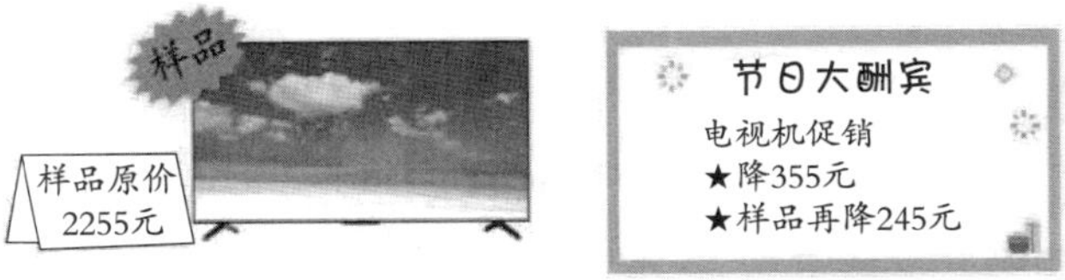

3. 在方框内填上合适的数，使得下面的习题能用今天学到的知识进行简便计算。

365−□−□　　634−（□+□）

学生独立完成。教师鼓励学生一题多解，选择部分板书，然后集体交流评析，及时改正学生的错误，积极肯定学生使用的不同方法，分享学生的学习成果和快乐。

三类习题从基础到开放，有很强的针对性，既能实现课堂教学的基本目标，应用减法的性质进行简便计算，从中培养学生认真审题、灵活应用的意识，同时又具有一定的开放性，为学生多样化选择方法解决问题提供足够的空间。学生对不同方法的交流和探讨，提高了学生的学习积极性，使他们感受到学习数学的成功和快乐。

上述教学过程就减法的简便计算而言，未必是最佳的，面对不同的班级群体，教师可以有差异地进行教学设计。但它所提供的五大环节“创设情境，引出学习问题—分析学习素材，提出猜想—围绕猜想进行探究验证，揭示规则—通过辨析加深对规则的理解—应用规则，感受学习的成功和作用”符合学生学习心理，满足了学生主动探索、交流、发现的学习需要，因此具有一定的普适性，可以看成是规则学习的基本过程。诸如“商的不变性质”“乘法运算定理”等都可以按照这样一个基本的流程来处理。至于学习素材的选择、习题的设置则可以根据具体的学习内容和学生的实际情况而定。

由这个案例的分析，我想到了两个值得广大教师注意的问题。第一，研读教材一定要跳出单一的课时教学内容，从整个单元、整册教材或一类知识的学习要求出发来审视教材、把握教材甚至超越教材。第二，课堂教学的研讨一定要从一节课的教学研讨走向一类课的教学研讨，从典型课例的研究中梳理出一类课的教学原则和规范，给予教师更多普适性的指导和帮助。

案例 2

教师应如何提高学生的操作能力

沈百军

一位年轻教师执教教研课《认识图形》，其中有这样一个环节——

师：下面我们来做一个游戏活动（请四个学生分别拿了球、圆柱体、长方体和正方体蹲在教室中间的同一条线上，其余的学生围观），比一比，看哪个同学手中的物体“跑”得远。

（一个手拿长方体的学生迫不及待地把长方体扔出去）

师：同学们注意，不能这样扔，而是要轻轻地推。（边说还边做示范）第一次不算，现在重新开始。

（此时，已经有一些围观的学生走神了。由于学生推出去的力量不一样，结果圆柱体滚得最远）

师：刚才同学们用力太大，我们再来一次，要轻轻地推。（再次示范，终于，球滚得最远）

师：通过刚才的游戏，你们发现了什么？

（举手的学生并不多，学生的回答不是非常清楚）

课后，听课教师们进行了热烈的评议，多数教师认为，设计这个操作活动环节的意图是很好的，也符合了新课程的理念：学生在具体的操作活动中感悟、体验获得所需要的知识，改变了教师讲授学生被动接受的不良做法。但遗憾的是授课教师缺少对学生学习心理的关注，设计的问题和组织的活动方式不利于学生通过活动发现所要掌握的知识。首先，这样的组织方式很难保证所有的学生都参与学习活动；其次，教师的问题是“比谁最远”，导致学生的注意点是结果而不是四种物体的本质特性，因而学生很难从活动中发现并归纳知识要点；最后，教师的关注点是四个学生的活动，对其余的学生关注不够，未能很好地组织学生认真观察和积极思考，导致整个学习活动的效率不高。

由此，我开始思考：如何发挥操作活动的效能，使它真正成为改善学生学习方式、提高学生学习兴趣和学习效率的重要手段呢？经过一段时间的学习、实践、交流和反思，我逐渐梳理出一些基本的观点和操作策略，供广大同仁参考和借鉴。

第一，操作活动应立足于新知的生长点。

著名教育家布鲁纳的认知序列学说指出，孩子的学习从动作开始。实践证明，操作活动为学生积极探索、主动获取知识提供了机会，为学生感知具体数学知识的现实背景、来源创造了条件。比如在教学有余数的除法时，教师为学生提供一定数量的小棒，让学生拼自己喜欢的相同图案，然后让学生在小组内交流各自的结果，并有选择地展示学生的不同结果。

通过操作和观察，学生就清楚地知道拼图时有的正好用完小棒，有的还有多余，理解了多余的小棒是不够拼成一个图形的，这就为认识余数的含义提供了现实生活原型，也为进一步探索余数比除数小提供了丰富的学习素材。教师只要引导学生用语言、算式表示上述不同的结果，余数的概念就会顺势建立起来。这样的操作活动基于学生的实际水平，能清楚地展现余数的产生过程，有助于学生深刻地理解有余数的除法的本质意义。

第二，操作活动应选择利于学生参与和观察的材料。

操作活动离不开具体的操作材料，而且材料的好坏也直接影响操作活动的效果。比较典型的例子是《射线、直线和角》这节课中有一个过两点画直线的操作活动，由于教师提供的两个点比较大，学生的铅笔尖又比较细，结果画出了好几条直线，事后教师再三解释点是没有大小的，学生还是拿“事实”为依据不接受教师的说教。因此教师在为学生提供操作材料时，必须思考学生对材料的兴趣度、实际操作的难度和问题解决的关键点。

我在执教《长方体的认识》一课时，首先借助实物和多媒体课件，让学生初步了解长方体基本特征，接着提供三种不同长度和颜色（黄、绿、蓝）的空心小棒和“三通”连接件（红色顶点），让学生选材料制作长方体模型。学生不仅兴趣很高，而且当作品呈现时，学生通过观察很快发现每种颜色的小棒都是 4 根且都相等，每个顶点上连接着三种不同颜色的小棒。这样就很自然地认识了长方体的长、宽、高，而且对长方体的基本特征有了更加深刻的理解和记忆。

第三，操作活动应目标导向明确。

小学数学学习中，大量的操作活动都需要学具，由于小学生天生好动、好奇，一旦没有了规范的纪律要求，就会偏离教学的正常轨道。比如在《认识图形》这节课中，物体品种多、数量多、形状不统一，学生就很喜欢东摸摸西看看，一不小心，乒乒乓乓的声音就此起彼伏，教师需要多次提醒或组织教学，课堂教学效率反因操作而打折扣。

我校一位教师在执教这节课时，课前为每个小组提供了一个比较大的盒子，并用幽默的语言明确三点要求：一是每个物体都是大家的宝贝，大家一定要像爱护幼儿一样轻放轻拿，不要因为你们粗鲁的动作，让它们发出哭泣的声音；二是每次操作后要把你们的宝贝及时放回它们的家（盒子），不要因为你的疏忽使它们找不到家；三是每个同学要与桌子、椅子和所带物体保持和谐，避免发出噪声。这位教师还让学生做了个小小的游戏，训练学生及时放回学具、迅速归位坐正，这就为课堂教学的顺利完成奠定了基础。

明确的目标导向则是让操作发挥真正效率的根本要求，一旦有了明确的目标，学生就会带着思考进行具体的操作活动，而不是简单地玩弄学具。比如《可能性》这节课中，教师在盒子中放入 3 个白球和 1 个黄球，先让学生猜一猜连续摸 10 次的结果是怎样的，再让学生动手摸。这时学生都期望摸到的结果和自己原先猜的一样，其参与的热情自然十分强烈，一旦出现黄多白少的情况就会陷入矛盾和不解，并且很愿意继续摸下去。之后把每个小组的数据汇总起来观察思考，学生不仅能得到正确的结论，而且能对可能性的本质意义有所体验和了解。相反，如果没有明确的目标，学生的操作就可能无的放矢，成为课堂教学形式上的点缀。

第四，操作活动应及时调整。

操作活动因学习内容的不同，也有难易之分，如制作长方体模型、研究圆锥的体积计算方法等探索性较强的活动就比较难，摆小棒、拼图形、分东西等活动相对容易。对于较难的操作活动，教师不仅要在活动之前给予提示或示范，明确操作活动的方向和值得注意的地方，更要在具体的操作活动过程中及时给予指导。如探索长方形面积计算方法时，开始学生都用小正方形（面积 1 平方分米）摆满整个长方形来获知长方形的面积，教师故意拿走一些小正方形，学生合作尝试后就能拼出下图的结果，为抽象出长方形面积计算公式提供了关键性的结构图。

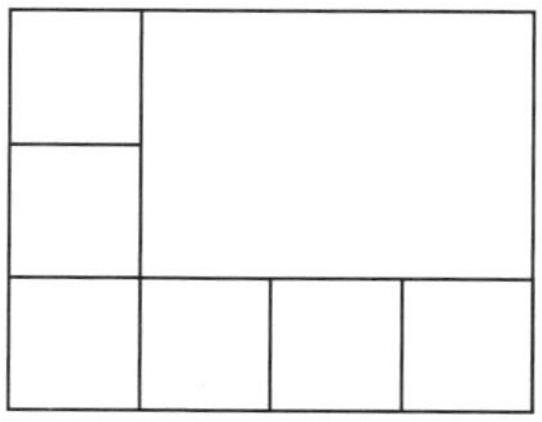

另外，教师更要关注的是，每个班学生的差异是不可改变的事实，同样是简单的画角或测量书本的长和宽，学生在完成时间上就有较大的差距。很多的公开课上，一旦是小组合作操作，常有一部分学生只是小组学习的看客。因此，教师在设计操作活动时要考虑后 20% 基础相对薄弱的学生，不仅要让他们有动手参与的机会，还要及时帮助他们解决操作中的困难，指导他们根据操作进行思考并获得新知。比如在《2、3、4的乘法口诀》这节课中，师生共同学习了2、3的乘法口诀并梳理出“先摆图形，再写乘法算式，最后编乘法口诀”的学习方法后，教师提供材料让学生同桌合作操作并编写4的乘法口诀。设计的意图非常好，但在实际教学中，有部分学生在课堂上表现得无所适从，不知道该干什么。这时教师就要及时给予指导，可以提醒学生先摆一个正方形，写出4×1=4的算式，接着让学生继续摆正方形、写算式，让操作顺利、有效地进行。

第五，操作活动应事后反思。

很多时候，操作不是目的，只是探索新知的过程，因此，操作活动后的交流反思是从操作活动中提取数学知识和方法的重要环节。首先，要学生用语言描述操作的过程和结果；其次，要引导学生观察比较不同的操作结果，提取共同属性或一般方法；最后，要让全体学生分享集体的学习成果。

比如在教学“十几减9的退位减法”时，我为每个学习小组提供10个一串的回形针、10元的纸币和10根一捆的小棒，让学生操作演示“14-9”的过程，尽管使用的材料不同，但“破十”是所有操作活动的共同属性，教师就要引导学生在观察、倾听、交流的过程中归纳出来。这样的操作活动才能发挥积极的效能，为学生理解退位减法的算理提供支撑。又比如教学《平均分》一课时，我先创设问题情境：小猴子有12个桃子，要平均分给前来参加生日宴会的好朋友。如果你是小猴子，会怎么分？接着，我放手让学生独立思考，并通过摆小圆片等具体操作把自己的想法展示出来。（提醒学生可以有多种结果）学生交流评价，直观判断哪些是平均分，哪些不是平均分。接下来，学生自己尝试回答“什么是平均分？”，对照前面的操作结果进行修正，终于获得了真正属于自己的数学概念：每份分得同样多就是平均分。

另外在一些测量和实验活动中，因为材料、工具和学生的方法原因，经常出现误差，教师不能轻描淡写地一言带过，而要指出产生误差的原因，帮助学生树立严谨的数学学习态度，尽量减少人为的误差，这也是提高操作有效性的一个重要内容。

根据上述操作策略，我们重新设计了本文开头的那个教学环节，在实践中取得了很好的教学效果。

首先，教师从袋子里取出长方体、正方体、圆柱体和球四个物体，平放在讲台上。设问：如果老师用教鞭轻轻地敲这四个物体，它们会怎样动呢？（学生独立思考后自由发表想法）教师追问：如何来证明你们的想法是正确的呢？（学生迫不及待地说：实际尝试一下）

其次，以小组为单位，把四个物品放在围起来的桌子上。每个同学轮流操作一次，要求敲击的方向不同，其余同学观察每次操作的结果有什么不同，比一比哪一个小组既能安静、快速地完成操作任务，又能发现其中的秘密。

最后，交流各组的操作和观察结果。学生能清楚地表述：球能向各个方向滚动，圆柱体能往两个方向滚动，长方体、正方体不能滚动，但可以移动。那些事先猜中的同学表现出非常高涨的热情。

对于教师而言，教学中无论采取何种教学形式，都应该力求改善学生的学习方式、提高学生的学习兴趣和学习效率。而这种经验需要在教学中不断学习、实践、交流和反思。上例中对操作活动实施的调整，正是基于有明确的目标导向、纪律要求，先思考后操作，操作后及时交流和提炼数学知识，因此，很好地发挥了操作的效能。

8

柏 继 明

做个有心的教师

柏继明，北京市昌平区城关小学原校长，正高级教师，北京市特级教师，北京市劳动模范，全国优秀教师，第六届“首都十大教育新闻人物”，享受国务院特殊津贴；在课堂教学上独具特色，追求“在快乐中开发学生的数学潜能”的教学境界，具有“真、新、活、实”的教学风格；先后被30多个省市邀请讲学，著有《教师的情怀》等3部专著，撰写的教学论文、特色教案有40多篇获奖。

名师故事

情感健康　从我做起

柏继明

我们常说，对于小学生的培养是知识、能力、情感三位一体的，其中以情感为首。作为一名教师，要培养学生健康的情感，首先自己应具备健康的情感。我在工作中时刻提醒自己做到以下几点：

一、用正确的行为影响学生

教师对学生的教育不只是语言上的，更重要的是行为上的，身教重于言教。教师的一言一行、一举一动都是学生最好的德育课本，对学生都起着影响示范作用。有个学生早晨吃得快走得急，到学校就吐了许多污物。个别教师嘴一撇，瞪着眼说：“少吃点好不好。”周边的学生立即捂着嘴歪过头，没人理这个学生了。这个学生忍着痛苦还要自己来打扫卫生。更多的教师见到这种情况会立即热情地走过来，关心地问：“怎么了？快让老师看看。”你再看周围的学生，他们有的拿出纸巾给同学擦嘴，有的端来漱口水，有的拍背，有的拿墩布擦地……

有的教师教出的学生有很浓的人情味，有的教师教出的学生缺乏人情味。一个人首先有了健康的情感，有了浓浓的人情味，他的读、写、算能力才算有了真正的价值。道德可以弥补智慧的缺陷，智慧永远弥补不了品德的空白。教师要时刻提醒自己：在孩子们面前我就是标兵，我就是榜样，每天都有几十个上百个孩子在向我学习。

二、用饱满的精神感染学生

教师在课堂上的精神面貌，直接影响着学生的情感投入和心理体验，进而影响学生的学习效果。我牢记苏霍姆林斯基的一句话："（教师）要把所有个人的和家庭的烦恼和痛苦统统留在教室门外。"我在上课前除做好教案、教具准备外，还要做好情感的准备，尽量控制不愉快的情绪，保持良好的心态，全身心地投入。这样，师生心智线路是相通的，教学活动亦表现出"同频共振"的效应，达到"心有灵犀一点通"的境界。课堂上充满欢声笑语，充满生命的活力，教师的教学水平和学生的学习潜能都能得到最大的发挥。

1999 年，我的母亲患癌症去世了，我的心里十分难过。但我马上劝说自己：我在母亲生前表现得很好，已经尽孝了，我再难过又有什么用呢？把自己身体弄坏了，学生没人管，孩子没人管，这绝不是我母亲所希望的。为了对得起她老人家，我一定要打起精神，立即投入紧张而繁忙的工作中。

人遇到不顺心的事，跟更不幸的比就会觉得庆幸：手上扎了刺，庆幸刺没扎进眼珠里；得了感冒，庆幸没得癌症……随时调整自己的情绪，让自己饱满的精神影响学生。

三、用适度的评价激励学生

在学生面前，我是教师。要成功是学生的权利，帮助学生成功是教师的义务。我们的教学任务是通过学生来完成的，我们是外因，必须通过内因才能起作用。教师对学生的爱能够使学生善良的美德和高尚的情操萌发。要培养学生高尚的情感与情操，就应该关心学生，热爱学生，理解学生，这是情感教育赖以实施的基础。

对于那些对自己的外貌不自信的学生，我会加倍地爱他们，让他们体验到教师是非常喜欢他们的，以此增强他们的自信心。对于那些学习上有困难的同学，我会在课上多给予帮助并抽出时间给他们补课，在精神上激励他们，使他们的学习尽快跟上。我最爱看的就是学生那一张张笑脸。

一个好的教师绝不吝啬表扬，且表扬有度、夸奖有理；也从不随意批评学生，且批评有方、疏而不堵。评价学生的语言要丰富多彩、具体鲜明，不能总说“你真棒”“好极了”。要让被表扬的同学知道自己好在什么地方，让其他同学知道要学习他什么地方。教师可以说“你发言的声音真洪亮”“你的想象能力很强”“你会用旧知识解决新问题”等。

我每天都用良好的心情、满面的笑容去面对每个学生，让每个学生从我那灿烂的笑容中感受到老师真好，上学真好，生活是那么幸福美好。只有热爱今天的人，才能去创造明天。我们教师不单纯是给学生知识，更重要的是通过积极适度的评价给每个学生一个好的性格，给每个学生积极向上的勇气和力量。

对话

问：对您影响最大的读物是什么？

答：《小学数学教育》期刊。

问：对您影响最大的教育大家是谁？您最欣赏或景仰他什么？

答：朱荣年。爱岗敬业，方法独特。

问：对您启发最大的话是什么？

答：外因是变化的条件，内因是变化的根本，外因要通过内因起作用。

问：您教学观中的关键点有哪几点？

答：承认个性，各得其所。

问：您心目中理想的数学教师是什么样的？

答：爱上他的课，更爱他的人。

问：您上过的最满意的两堂数学课是什么？简要总结其特点。

答：《手能帮我学数学》《鸡兔同笼》。符合儿童心理，学生爱学。

问：您写过的最满意的三篇数学教学论文是什么？

答：《合作——现代人的生命线》《如何培养学生的创新能力》《让反思成为一种习惯》。

问：您通常怎样战胜挫折和困难？

答：反思，鼓励自己，宽容他人。

问：您取得优秀成果的主要经验和体会是什么？

答：虚心学习，懂得感恩，懂得回报。

问：请评价一下您自己的性格特点。

答：外向，开朗，大方。

问：您的业余爱好是什么？

答：玩扑克牌。

问：您的人生格言是什么？

答：让每一颗心快乐。

问：您认为好教师应该是什么样的？

答：以身作则，理解学生，帮助学生。

问：您最喜欢什么样的学生？

答：懂事理，爱学习，爱创造，有个性，有胆量。

教 学 智 慧

机智应对　弄拙反成巧

柏继明

故事一：变悲为喜——用故事教育学生

孩子是听着故事长大的。当过妈妈的人都知道，孩子每天睡觉之前都要让妈妈给讲故事，孩子听故事时是最投入、最专心的时刻。多年来，我坚持订故事类杂志，当学生表现出色时，我讲个小故事是对他们的奖励；当我发现问题时，讲个小故事是对他们的教育；当我发现有的同学情绪低落时，再讲个小故事是对他们的鼓励。我讲故事，学生不是听听就完，还要归纳中心思想，谈谈收获和体会。

有一天课间，五（1）班刚和强两个男生大打出手，打得不可开交，同学们拉都拉不开。上课铃响起，我来到教室，同学们快速回到座位，刚和强哭叫着互相扯着衣领，并恶狠狠地指着对方说：“你别美，下课再跟你算账。”两人气势汹汹地回到座位喘起了粗气。同学们紧张极了，瞪大眼睛，等着我发火，严厉地批评处理刚、强二人。结果我不但没发火，而且高兴地对同学们说：“我先给你们讲个故事，好吗？”同学们惊奇地望着我，然后高兴地鼓起了掌。我给他们讲了一个“白衬衫和黑木炭”的故事——

小胖放学以后气冲冲地回家，进了院子就跺脚，对父亲说：“我今天非常生气，大虾让我在同学面前丢脸，我现在特别希望他遇上倒霉的事情，我好好想想明天怎样伤害他！”

父亲看了小胖一眼，从院角拎来一袋木炭，说：“来，咱们现在就来玩个痛快，让你先出出气。你把挂在绳子上的那件白衬衫当作大虾，把这个袋里的木炭当作你想象中的倒霉事，你用木炭去砸衬衫，每砸中一次就表示大虾倒霉一次，怎么样？”

小胖觉得这个游戏很好玩，拿起木炭就往衬衫上砸。可是衬衫挂在比较远的绳子上，他把一袋木炭都扔完了，也没有几块砸到衬衫上。父亲问小胖：“你现在觉得怎么样？”小胖说：“累死我了，但我很开心，因为我砸中了好几次！”父亲见儿子并没有理解他的用意，于是又让他去照镜子。小胖在镜子里看到自己浑身都是黑乎乎的，整张脸上只有牙齿是白的。

父亲语重心长地对小胖说：“孩子，千万记住，当你伤害别人的时候，自己同样会受到伤害；当你给别人爱的时候，自己得到的也是爱。”①

故事讲完了，同学们交流着心得体会。我有意识地叫起刚、强二人，问他们：“下课你俩准备怎样战斗？”他俩不好意思地笑着说：“柏老师，您放心吧！我们没事了，别再为我们耽误大家的时间了。您快给同学们上课吧！”

我们马上开始学习分数、小数的互化，学生学得兴高采烈，很快发现了一个分数能否化成有限小数的规律。课的尾声，我有意识地安排了能化成有限小数的分数与不能化成有限小数的分数“拔河比赛”，它们分别由两个男生、两个女生代替，看哪组在相同时间得的分数多。我先找到了刚，让他再找一个男生好朋友当助手，刚毫不犹豫地选择了强。两人团结奋斗，以绝对的优势战胜了女生队，两人高兴地击掌祝贺。

---

① 该故事根据《黑木炭白衬衫》改编。原文见于《送别月亮的倒影》（《读者》杂志社编，甘肃人民出版社，2004年版），作者佚名。

反思

面对课开始时那激烈战斗的场面，全体学生都很紧张，都急切地想知道老师会怎么办。如果我不理不睬，装作没看见，进门就上课，刚、强二人的心里肯定是久久不能平静，都在盘算着下课怎么惩治对方，哪有心思认真听讲？他们上课学不到知识，耽误学习，下课还会受到伤害。如果我当着全班同学的面，狠狠地批评刚、强二人，会使两人在同学们面前失去面子，全体同学见到这场面也会胆战心惊、小心谨慎，学习的潜能不能得到正常发挥。

我的做法出乎同学们的意料，仅耽误了五分钟，没有影响正常教学。同学们经历了由悲到喜的过程，马上要失去快乐，但又失而复得了，于是更加珍惜今天的学习。虽然出了点小事故，但是没有让谁失去面子，保护了孩子的自尊心。而保护孩子的自尊心，是教师的天职。我牢记苏霍姆林斯基说的一句话："要保护孩子的自尊心，要小心得像对待玫瑰花上那摇摇欲坠的露珠一样。"

故事二：把"球"踢给学生

1999年底的一天，我带学生去北京第二实验小学上北京市课堂教学研究课《长方形、正方形的认识》。我班学生敢想敢说，思维活跃，表现出色，令在场听课的教师心悦诚服，我也掩饰不住内心的喜悦。离下课还有两分钟，马上就要大功告成了，我又问了一句："哪个同学还有不懂的地方吗？"李娟站了起来："请问柏老师，我们能不能说正方形是由长方形进化得来的呀？"听了这句话，我的脑子里嗡的一下傻了：原来只听说过达尔文的进化论，连具体什么意思都不懂。我马上警告自己要镇静，不要失态，立即调整自己的情绪。我微笑着问同学们："你们有谁能回答李娟的问题？"被大家公认的"小博士"张冲胸有成竹地说："你说的是什么呀？进化指活的东西，长方形、正方形是死的东西，怎能说是进化呢？只能说是相互转化。”话音未落，会场响起了听课教师热烈的掌声，这时我意识到，张冲说对了，太精彩了。我马上说：“你这‘小博士’名不虚传啊！李娟，你明白了吗？”李娟高兴地点点头。我终于松了一口气，转危为安了。

回到家，我马上翻开词典，词典对“进化论”的解释是这样的：关于生物界历史发展一般规律的学说，认为现在的生物有着共同的祖先，它们在进化过程中，通过遗传、变异和自然选择，从简单到复杂、从低级到高级、从种类少到种类多逐渐变化发展。我由衷地佩服张冲的学识，我自愧不如啊。

反思

尽管我们教师认真钻研教材，认真备课，一个问题设想多个结果，但也常常因为学生的千奇百怪的问题而“计划跟不上变化”，要不怎么说教学是艺术而又高于艺术呢！当教师遇到突如其来的情况而自己又无法应对时，不能简单地说：“对不起，老师也不会，咱们都回家查查资料吧！”表面上看老师很谦虚，但也不会让学生多满意，多佩服。教师应沉着冷静，不要忘记、不要忽略你的对面还有几十个充满智慧、充满热情的学生，把“球”踢给他们，会激起他们思维的波浪，会使他们的才干、个性得到张扬，会使我们的课堂锦上添花。这才是我们追求的充满活力的课堂，具有实效性的真实课堂。

江苏省小学数学特级教师王文英说得好：有效的课堂不一定要“热闹”，但应该有“深度”；有效的课堂不一定要“华丽”，但应该有“内涵”；有效的课堂不一定要“顺畅”，但应该有“风浪”。

让我们大家沉着冷静、机智地对待课堂上突如其来的一个又一个的风浪吧，它会使我们的课堂更精彩。

故事三：不吃菜，太可怕了

一年级《统计》一课是我把健康教育融入课堂且比较精彩的一节课，在不同的地方讲过十多遍了，前半节课基本上是这样的——

师：我这有四种菜（出示西红柿、菜花、茄子、菠菜）的牌子，在这四种菜中你最爱吃哪个?

生1：我爱吃西红柿。

生2：我爱吃茄子。

……

师：你们说得真好，但是有点乱，在场的老师特别想知道咱们班爱吃哪种菜的人最多，爱吃哪种菜的人最少。

生1：让爱吃每种菜的人都站起来，然后数清楚。

生2：也可以让爱吃每种菜的人一组一组地举手。

生3：把四种菜的牌子分别发给四个人，爱吃哪种菜就在哪种菜的牌子后排队。哪个队伍最长，人就最多；哪个队伍短，人就最少。

师：他们说得很好，你们最喜欢哪种方法呢?

生1、生2：我们想去排队。

师：好的。那咱们就快、静、齐地排队。（全班同学快速站好了队）第一排同学对齐了站成一条线，大家互相看看，爱吃哪种菜的人最多，爱吃哪种菜的人最少。

生1：我看出来了，爱吃西红柿的人最多，爱吃菠菜的人最少。

生2：让每组学生报数，马上就知道具体人数了。

师：报数。快把结果填入统计表。（爱吃西红柿的人最多，站在西红柿队伍中的学生兴高采烈，爱吃菠菜的人最少）你们在站队时，电脑里的小人在模仿你们排队。（电脑点击小人排队）这些小人一变就能变成一个小竖条，它同样能表示出哪种人最多。

（电脑出示表示人数多少的条形统计图）

师：同学们，刚才你们经历了一个完整的统计过程，即分类—报数—填表。我们吃的各种蔬菜中都含有人体必需的微量元素，如锌、铁、钙，你们知道人体中缺少了这些微量元素会怎样吗？

……

师：请看动画片。（片中叙述了当人缺少锌、铁、钙时发生的恶果，医生建议多吃各种蔬菜）电脑用条形的长短演示四种菜含锌、铁、钙的情况。（演示结果：含锌、铁、钙最高的是菠菜，最少的是西红柿）其实，西红柿含有的维生素最高，维生素也是人身体中重要的微量元素。

……

师：通过刚才看动画片和条形含量图，你们又知道什么了？

以上片段是我每次上这节课时经历的过程，几乎没有变化，对于这节课如何进行我胸有成竹。但是在2006年的一天，我来到北京史家小学为北京市各区县教师做观摩课，史家小学的学生思维活跃，与众不同。我说道："你最爱吃哪种菜，就在哪种菜的牌子后面排队吧。"绝大多数学生都去排队了，只有四个学生坐着不动，我招呼他们去排队，他们说："就不去。"面对这种变化我没有准备，同学们一边排队，我一边想："怎么办？这可能就是孩子的个性吧！我不能强迫他们，不能伤害孩子的自尊心。"于是，我面带微笑地问这四个学生："你们为什么不来站队啊？"结果有两个学生说："这四种菜我都爱吃，您不能把我分成四份吧，我往哪站呢？"另外两个学生说："不用说这四种菜了，所有的菜我都不吃。"我说："你们真有个性，你们就坐着和同学们一起思考问题、解决问题吧。”等到放动画片，四种菜的锌、铁、钙含量图学生都看完了，我重点提问了这四个学生。一个不吃菜的学生站起来说：“现在我知道了，不吃菜太可怕了，影响身体和学习，今天回家我就让我妈妈给我炒西红柿，明天就炒茄子，天天坚持吃菜。”爱吃菜的学生自豪地站起来说：“我妈妈早就告诉我了，不吃菜不爱长个子，爱得病，所以我就什么都吃，我很少打针吃药，我希望不爱吃菜的同学快改正吧，菜比药好吃多了。”

反思

培养德、智、体、美、劳全面发展的人，是我们教育的长期追求，健康的身体是一个人成长发展的前提。在小学生中有不少好动的孩子，还有的孩子身体瘦小，或过度肥胖。究其原因，有的孩子从小没吃过蔬菜，靠吃果冻、麦圈等食品长大，身体里缺少必要的微量元素，而防腐剂、铅等微量元素却严重超标。小学生最听老师的话，把老师的话当成“圣旨”。因此，结合教学具体内容把健康知识引入课堂，让学生在学习课本知识的同时提高健康意识，可以为学生以后成长打好基础。

关于四个学生没按教师的设想去站队，有的教师为我发愁，认为教学进展得不顺利。我倒认为这是真实的表现，是教学中难得的资源，是对教师上课机智的考验。学生不仅掌握了知识，还懂得了健康的重要，从同伴那里体验到的东西远比教师启发给予的更宝贵、更有效。面对预设以外的学生表现，我能沉着冷静地灵活处理，比原来的课更鲜活、更精彩，我真为自己感到高兴。

故事四：弄拙成巧

提起我第一次获得北京市评优课一等奖，还真有一段刻骨铭心的经历。那是 1993 年春天，我代表昌平区参加了在海淀区中关村第一小学举行的“北京市远郊区县中青年骨干教师课堂教学评优课”。为我保驾护航的有区小学数学教研室的刘国华老师、城关小学的冯树明主任等十来名教师。尽管我很有压力，但我对这节课充满信心。

到了中关村第一小学，主管老师告诉我上课的班级是六（6）班，真是一个吉祥的数字，我心里暗暗高兴。

我讲的内容是《圆的认识》，课的前半部分进展十分顺利，当我总结完“在同圆中，直径是半径的2倍，半径是直径的二分之一”时，我突然发现坐在学生后面的冯主任、刘老师，两个人同时向我急切地、不停地招手，其他的几位昌平的教师也表现得急躁不安起来，再看看和我熟悉的两位评委，也显得十分严肃。糟了，准是哪一个教学环节出错了！可是，是哪儿出错了呢？怎么办？课一边进行，我一边思考：一定是黑板上有了问题。我马上给学生安排了一个动笔内容，借这个机会，我快速看了看板书，发现有一个贴着的“圆”字掉下了一个角，我马上把它贴好。我心想，就是这个字的原因吧？再看冯主任和刘老师的手还在不停地招着，我又一次认真地看了看板书，不得了！板书“在同圆中”应当有四个字，而我却写成“在圆中”三个字了，丢掉了一个“同”字，等于丢掉了一等奖！因为这是与教材不符的科学性的错误呀！

怎样才能挽回损失，让孩子们得到正确的知识呢？凭着多年的教学经验，我决定，老师出错，仍然由学生发现、由学生解决，这样，不但能挽回损失，学生对正确知识也能掌握得更牢固。等学生写完了，我对学生说：“请同学们仔细看板书，看谁能发现什么。”半分钟后，学生陆续地举手了，一个、两个、三个……“你发现什么了？”一个男生站起来说：“我觉得黑板上好像丢了一个字，不是‘在圆中’，应该是‘在同圆中’。”又一个女生迫不及待地站起来说：

“老师，如果不是在同圆中，直径和半径根本不存在2倍关系。”没等女生说完，她的同桌又站起来说：“老师，您快把丢的那个‘同’字补上吧，要不这直径、半径的关系就不存在了，我们做的题都不对了。”……学生发言热烈，情绪高涨，显然对这个问题搞得很清楚了，我趁热打铁接着说：“这么重要的字，我们一定要记住，为了与其他字有所区别，我用红粉笔把它补上吧！”

当我写完这个“同”字的时候，学生的脸上荡漾着成功的喜悦，再看冯主任、刘老师那紧绷的神情终于放松了，我也松了一口气。评委的脸上露出了赞许的微笑。

反思

课后，在课程评语中，评委对这一环节的安排大加称赞，他们并不知道是我丢了一个字，以为我是事先就这样设计的，还称赞这方法可真不错：形式新颖，学生记得深刻，是突出重点的一个绝招。

一晃这件事过去多年了，如今，每讲到这一课的时候，我都故意安排这样一个环节，学生积极性特别高，学得好、记得牢。我一直庆幸，我的马虎给了我一个极好的教学方法。这真是“弄拙反成巧，方法实在妙”。

教 学 实 践

案 例 1

合作的课堂

——《统计的初步知识》教学设计

柏继明

一、教学目标

（1）让学生经历统计的过程，使学生初步掌握收集、整理、分析数据的方法。

（2）在收集、整理数据的过程中，有意识地培养学生的创新意识，培养学生具有解决问题策略多样化的能力及具体问题具体分析的辩证思维方法。

（3）通过统计机动车流量情况，促使学生产生小组合作的欲望，从中感悟到合作学习的重要性。

（4）通过对数据的分析，使学生体会“统计”在日常生活中的重要作用，从而发展学生的信息观念。

二、教学步骤

（一）创设情境，引出课题

导语：前不久，国际奥委会评估团来到北京，召开中外记者招待会，请同学们听一听他们说些什么。①

放录音：我是新华社记者，请问蒋主席，北京有经济实力举办奥运会吗？（蒋主席说）最近5年，北京地方财政收入每年增长在24%左右，2000年比1995年地方财政收入增长了近2倍，北京人均国内生产总值去年年底已达到2700美元。预计到2010年北京的国

① 本课设计时间在2001年7月13日北京成功申办第29届奥运会之前。

内生产总值人均要达到6000美元。根据奥委会28个比赛项目的要求，需要有37个比赛场馆，32个安排在北京，5个安排在其他城市。所以北京完全有经济实力举办奥运会。

提问：用一句话概括，听了这段录音，你知道了什么。你是通过什么知道的？（板书：数据）如果把这几个数据去掉，还能证明我们的经济实力吗？你知道这些数据是怎么来的吗？（调查、整理……）

小结：这些数据需要人们去收集和整理，最后要加以分析。（板书：收集、整理、分析）这节课我们就共同来研究数据的收集、整理，这也是统计的初步知识。（板书课题：统计的初步知识）

（二）讲授与讨论

1. 收集、整理数据

（1）导入问题：这节课，老师请同学们当校长，比一比谁有领导才能。有这样一件事——为了减轻学生过重的课业负担，我校向家长承诺四年级学生的家庭作业完成时间不超过40分钟。一天，李明奶奶找到校长说："昨天李明的作业写了70分钟，老师留的作业太多了，你们学校说话不算数。"请问各位校长，面对这个问题，您准备怎么办呢？

（2）小组展开充分讨论，在老师的引导下实现——

A. 收集全班同学写作业所用时间。

B. 进行分段整理。

C. 出示全班每个人所用时间表，让学生看表自己进行统计整理。

某日四（1）班同学完成作业所用时间记录表

姓名	时间（分）	姓名	时间（分）
安　静	15	张　建	20
百　石	33	孟　繁	17
王　兰	21	齐　志	30
李　香	34	方　方	32
张学征	37	许海新	35
徐　颖	26	丁家一	40
纪　鹏	40	赵　新	19
程一凡	36	朱　峰	31
孙　超	20	马　丽	36
刘　佳	34	李　明	70

D. 对上面的数据进行整理。

30 分及以下：________________

31—35 分：________________

36—40 分：________________

41 分及以上：________________

E. 把整理好的数据填入统计表。

某日四（1）班同学完成作业所用时间统计表

时间	30 分及以下	31—35 分	36—40 分	41 分及以上	合计
人数					

（3）提问：根据统计表你都知道哪些信息？

（4）汇报具体统计方法，可能出现以下几种情况。

A. 写名字。

B. 排除法。

C. 每段用一个符号表示。

D. 写时间。

E. 画“正”字。

学生通过自己比较，得出了画“正”字的方法比较好。

（5）提问：从统计表中你知道了什么？你准备怎样解决李明奶奶的问题？通过当校长，你有什么收获或启示？

（6）小结：在解决任何事情或问题之前，要先进行调查研究，掌握全面情况，才能进行判断。

2. 激发合作，深化学习

（1）导入问题：刚才我们掌握了一些简单的收集、整理和分析数据的方法，现在公路局局长请我们当参谋，来统计南口路段机动车流量情况，咱们行吗？

（2）给学生发放下列表格（学生每人一张），提问：这张表让我们填写什么？

__________路机动车通过情况统计表

时　　分到　　时　　分

机动车种类	小汽车	大客车	货车	摩托车	合计
流量					

（3）让学生找出四种车辆的划分标准。

（4）放录像 1 分钟，学生看录像，独立进行统计。

（5）提问：你是用什么方法统计的？统计出结果了吗？为什么不能统计出结果来？你有什么办法吗？

（6）学生重新讨论统计机动车流量的方法，这时学生自发产生小组分工合作的愿望，并自行组织了合作小组且自己分好了工。

（7）重新放录像。

（8）再汇报统计结果。（出示统计表）

（9）提问：通过刚才对1分钟机动车流量数据的收集、整理和分析，你知道了什么？得到了哪些启示？（让学生充分发表意见）

（10）小结：通过小组合作我们统计出了机动车的流量情况，看来画“正”字的方法虽好，但并不适用所有情况，所以，我们要根据具体情况灵活地选择统计的方法。

（三）总结与扩展

总结与扩展：今天我们学习统计的初步知识，是通过调查收集到的相互关联的数据进行整理，按照一定的要求排列起来，制成统计表。（展示两张统计表）你们觉得利用统计表说明问题有什么好处吗？（可省略语言叙述；使数量之间的关系更加清晰、明确）其实在我们现实生活中，不是只有统计表能说明问题，还有许多形式（出示中国水资源条形统计图、全球森林面积统计图……），这是人们已经收集、整理好的数据，你们看到这些图，都知道了哪些信息？从中得到什么启示？

（四）学生谈本节课的学习收获、体会（学生没谈到的，老师做补充说明）

总结：另外，我们在进行统计和分析数据的时候，一定要注意实事求是。

点评·反思

《统计的初步知识》教学赏析

刘　平

一、合作交流要适时适度

柏老师告诉大家："合作并不是越多越好，只有需要合作的时候进行合作，这样的合作才更有价值，才能给学生的学习带来更多成功的体验。"这节课上的交流合作，完全是学生自发地、自主地进行的，没有一点强加的成分。通过合作，学生体验到了合作的必要性和有效性，此合作不是被动的合作，在这个过程中，学生体验到合作学习是一种必然需求，体验到合作学习带来的效率，体会到团结就是力量，体会到了人际关系与合作的密切联系。学生全体积极参与，自主探索，合作交流，师生共同感受到合作不是几个人一起说说就完了；要合作，就必须有分工，有分享，这才是合作。要让学生认识到合作的必要，体验到合作的重要。

二、解决问题方法要择优，更要灵活

柏老师的课体现了学生的主体性，培养了学生初步的统计意识和应用意识，同时培养了学生的实践能力，特别是通过课外延伸，让学生体会到生活中处处有数学。情境的创设体现了数学课也能有很强的人文性，大大促进了学生后续的学习和发展。此情境的创设，使学生感到画"正"字的方法虽好，但是不适用对机动车流量的收集和整理，从而激励学生自发产生小组合作的强烈愿望，感受到合作学习的重要性；同时也说明收集和整理数据的方法很多，要根据具体问题具体分析，不要为择优而择优，不要使择优流于形式。择优是一种思想，也是一种方法，要引导学生在择优的基础上灵活应用。

三、在开放和实践中发展思维

在情境创设之后，柏老师总是用这样的问句引发学生思考："面对这个问题怎么办呢？""你有解决的办法吗？""还有更好的办法吗？"这种开放式的提问，能够激发每一个学生思考的积极性。当学生的多种答案充分展现出来时，她再不慌不忙地引导学生辨析："哪种办法更有说服力？""哪种办法又省事，又准确？"对于学生的方法，柏老师不轻易做出判断，而是让学生在实际的操作中去感受、去领悟。通过比较，学生发现：解决问题的方法很多，但应用时不是一成不变的，而要根据实际问题随机应变。这种由实践得来的体验何其珍贵！这种体验甚至比他们这节课要学的知识重要！柏老师的课收放自如，朴实高效。她以知识为载体，让学生在多种方法的发现和比较中深刻感受数学思维的美，领悟数学的独特魅力。

一堂"独立探索、合作学习"的好课

吴正宪

柏继明老师执教的这节课，以学生"独立探索、合作学习"的方式，用问题作为主线，贯彻始终。教学过程中，教师不断创设有意义的问题和激发合作学习欲望的情境，使学生在独立探索与合作交流中，经历收集、整理和分析数据的全过程，使学生充分体验到统计知识在日常生活中的重要作用。

一、创设学习情境，激发学生对数学学习的需求

在引导学生感知统计知识的重要性上，柏继明老师设计安排了一系列的教学环节，层层递进，逐步引导学生感受到统计就在我们身边。教学进阶的思路如下：

1. 感受数据的力量

播放录音后，柏老师问学生听了录音后知道了什么，是通过什么知道的。学生回答是“数据”，他们认识到，数据能证明我们的经济实力。

2. 感受数据统计的力量

“请问各位校长，面对这个问题，您准备怎样办呢？”“公路局局长请我们当参谋，来统计南口路段机动车流量情况，咱们行吗？”这些问题的设计，让学生知道要解决或说明一些问题，就要先进行数据的统计，使学生感受到数据统计的作用。

3. 感受统计对解决生活中的问题的力量

填写统计表后，柏老师让学生说一说从统计表中知道了什么，准备怎样解决李明奶奶的问题……这些环节的安排，使学生感受到了统计知识的重要性，体会到统计就在我们身边。

二、创设合作环境，使学生产生合作的需要

1. 在小组讨论中培养学生的合作意识与能力

在学生努力想去探求知识的思维状态下，柏老师有意留下疑难问题，让学生去思考并小组讨论解决，使学生的思维达到充分发散，然后集思广益，取长补短。在小组讨论中，学生把个人独立思考的成果转化为全组共有的成果，以群体智慧掌握了数据收集、整理的多种方法。

2. 设计“帮助公路局局长统计机动车流量”的教学情境，激发学生生成主动合作的欲望

此情境的设计，使学生产生合作的需求。此合作不是被动的合作，在这个过程中，学生体验到合作学习是人们的一种必然需求，体验到合作学习带来的效率，体验到团结就是力量，体验到在解决问题中与他人合作的重要性。

三、关注学生在收集、统计数据中自主探索、合作交流的学习过程

除创设学习情境、合作环境外，柏老师更关注通过此课让学生历经收集、分析和整理数据的全过程，培养他们自主、合作和探究的学习意识。具体如下：

1. 提取数学信息

（1）北京有经济实力举办奥运会吗？

（2）解决李明奶奶的问题。

（3）统计南口路段机动车流量的问题。

2. 统计方案

分类统计：①按时间段统计；②按车辆类型统计。

3. 统计方法

（1）写名字。

（2）排除法。

（3）每段用一个符号表示。

（4）写时间。

（5）画“正”字。

4. 对统计后的数据的分析

5. 统计结果给人们带来的思考

寻找生活中的合作

柏继明

《统计的初步知识》一课，安排了数机动车这一环节，学生自发地强烈要求合作。经过团结协作，大家圆满地完成了数机动车的任务，通过数机动车，学生感受到了合作的重要、合作的快乐。

课堂上的合作是十分重要的，但只有课堂上的合作是远远不够的。社会越发展，科技越进步，对现代人合作能力、合作意识的要求就越高。为此，我们又上了一节课——《寻找生活中的合作》。课前，我把一个班的学生分成四个小组。第一组学生去北京某汽车厂参观汽车组装流水线，他们亲眼看到了一辆空壳汽车从上线到加上汽油开出来下线的全过程。技术员叔叔又给他们重点讲了流水线的优势，在流水线上团结合作的重要性。第二组学生上网或在报纸杂志上寻找杨利伟乘“神舟五号”飞上太空的背景材料。了解到“神舟五号”的成功发射有各系统设计师、机器制造工程师、营养师、服装设计师等大约十万人分工合作参与工作，可是我们熟悉的好像只有杨利伟一人。第三组学生寻找家长工作中的合作，有的家长在工厂从事流水线作业；有的家长是公司的经理，需要许多员工；有的家长是高级厨师，需要有洗菜工、配菜工给供应材料；有的家长种地，平时可以自己干，到了播种、收割季节要找人用机器帮忙……第四组学生寻找自己学习活动中的合作。学习上有了困难，需要教师、同学的帮助；生活中有了苦恼，需要伙伴们给解忧；想玩跳皮筋，需要伙伴们给撑皮筋；合唱队要歌声优美感人，各个声部的和谐也是很关键的……

汇报课上，学生情绪高涨，争先恐后地汇报了搜集到的信息、想法、体会。通过交流，他们对“合作”一词理解得更深了，更透了。他们深深地体会到了越是高科技的产业越需要合作，越合作越能提高工作效率，解决实际问题。今天的小学生就是明天的合作者，要想明天与人较好地合作，今天必须先学会与人友好，友好是合作的基础保证。

案例 2

从简约中寻求深刻

——《还原问题》教学实录

柏继明

师：孩子们，咱们每天都要上学、放学。有一个同学和咱们一样。看大屏幕（出示小红家与学校的方位图），这个同学叫小红，她天天背着书包到学校去，放学再回来。看清方向，这边是北，小红出家门往哪边走？

生：往北走。

师：你的方向感真好，到了运动场，她要拐一个弯，你就是小红，是左转还是右转？

生：往左转。

师：左转后向哪边走？

生：往西走。

师：走到大楼又要转弯，往哪边拐？

生：往右拐。

师：右拐后往哪边走到学校？

生：往北走。

师：好啦，放学了，她怎样走回家？

生：从学校往南走，到大楼往左拐再往东走，到运动场右转再往南走到家。

师：看图，小红这一去一回有着怎样的规律？好孩子是最会发现规律的，谁发现了？

生：去时和回来，它们是相反的。

师：你真了不起，发现这么重要的规律，掌声送给他。小红上学，我说她顺着去，那回家就可以说“逆”，也就是相反的。生活中还有很多相反的事。比如船只航行，就是顺流而下与逆流而上。你妈妈让你骑自行车买东西，去时顺风，回来的时候，你认为会怎样？（板书：逆）

师：在数学中也有很多互逆的，比如你做一道大的竖式加法，你要检查结果对不对，你会怎样做？

生：用减法检查。

师：加法和减法是一对互逆的关系，那乘法和除法呢？

生：也是一对互逆的关系。

师：我出一道题，你们肯定都会做，最重要的是说说你是怎么想的？（出示：□ +5=8）

生：8−5=3，□里填 3。

师：老师出的加法的题，这个同学用减法解决，对吗？

（接着依次出减法、乘法、除法的题，学生利用互逆关系列算式解决）

师：这么举例，我能举出无数个。能发现规律，胜过做成百上千道这样的题。我写出的这 4 个例子，你发现规律了吗？我们在想法上有一个共同的规律，都是怎样想的？跟我出的题一样吗？

生：我们都是逆着想的。给加法用减法，给减法用加法，给乘法用除法，给除法用乘法。

师：如果左边的算式叫顺序式，那右边的算式叫什么？

生：逆序式。

师：如果给顺序式排号，3+5=8，那它的逆序式是什么样的？

生：8−5=3。

师：顺序式的结果是逆序式的开头。如顺序式——（打向右的手势），那逆序式是什么样的？

（生打向左的手势）

师：我们发现的这个规律很了不起，就按这个规律再解决一个问题。

[出示：□ ×a÷b=c；(□ +5) ×2=14）]

生：c×b÷a= □　　14÷2−5=2

点评·反思

《还原问题》教学点评

李冬红

柏老师从学生每天上学、放学的路线说起，让学生思考：小红每天都在重复地走一条路，这一去一回有着怎样的规律？接着，柏老师列举了生活中的一些实例，如骑自行车来去的顺风与逆风、船只航行的顺流而下与逆流而上等，帮助学生理解顺、逆这一组相对的概念。她用学生平时熟视无睹的生活现象作为研究的切入口，看似平淡无奇，却又是学生难以联想到的。她把学生的数学学习和日常生活紧密相连，使学生脑海中“顺、逆”的例子更为丰富，巧妙地为新、旧知识之间搭起一座桥梁，将还原问题的学习变得有根有基，体现了柏老师对数学化思想的深刻领悟和外在实践。这将使新知识从这里生长，学生的认知发展也将从这里起源。

根据学生的认知规律，柏老师对新知识与原有的知识有关联的地方深入挖掘，激活学生已有的认知经验，激发学生的学习欲望，实现学生对新知的个性化学习。柏老师利用看似简单的加与减、乘与除之间的互逆关系，创造性地使用了“顺序式”“逆序式”的名称，通过给顺序式和逆序式排号、打手势等生动、形象的方式，使学生深刻理解顺着思考和逆着推算的关系。紧接着出示四则运算中的顺逆问题，让学生根据倒过来想的思维列出算式。这样几组口算中的顺逆练习和四则运算中的顺逆计算，带领学生进入思维发展的“最近发展区”，引导学生揭示出还原思维的本质。

值得一提的是，她在一些细节上的处理让人回味无穷。柏老师深谙“学生学习数学知识重在自悟自得”，在学生产生疑惑或遇到困难时，柏老师在教学时间非常宝贵的情况下，为学生提供一个自悟时空，或配之以形象生动的手势，或在讲解过程中适时停顿……有意识地留给学生思维的时间和空间，让学生体会“此时无声胜有声”的学习境界，同时又并不剥夺学生畅所欲言的权利，从而使教师和学生一起沉浸在课堂之中，做到“人课合一”。柏老师一句句激励的语言，激发学生深入探索。如:“能发现规律，胜过做成百上千道这样的题。”“你真了不起，发现这么重要的规律，掌声送给他。”这种轻松和谐的氛围，促进学生对还原问题的真正掌握和思维的发展。这样的课堂才称得上是有内涵、有深度的课堂。

综观此段细节，没有一丝华丽的、吸引眼球的东西。柏老师那亲切的话语，虽简单朴实，却循循善诱、娓娓道来。柏老师的课堂，以学生的发展为本，在学生的认知发展水平和已有知识经验基础之上，不断地抛出一个个有价值的问题，启发学生探寻“顺序式”与“逆序式”的规律，激发学生的认知冲突，又一次次组织学生通过讨论、交流，化解矛盾冲突，清晰、有条理地表达自己的思考过程。她带领学生一步一个台阶，一环扣一环，将思维的顺序问题明明白白地呈现出来，然后逐渐走向深入。学生真正经历了由不知到知、由解决简单问题到解决复杂问题的过程，达到了“还教师以质朴，还儿童以率真，还数学以根本”的境界。